방장산에서 계룡산까지

긍정의 힘!
셀프리더십!

류중은 지음

긍정의 힘! 셀프리더십!

초판 1쇄 발행 2020년 8월 15일

지 은 이 류중은
발 행 인 권선복
편   집 한영미
디 자 인 서보미
전 자 책 서보미
발 행 처 도서출판 행복에너지
출판등록 제315-2011-000035호
주   소 (07679) 서울특별시 강서구 화곡로 232
전   화 0505-613-6133
팩   스 0303-0799-1560
홈페이지 www.happybook.or.kr
이 메 일 ksbdata@daum.net

값 15,000원
ISBN 979-11-5602-831-4 (03190)

Copyright ⓒ 류중은, 2020

도서출판 행복에너지는 독자 여러분의 아이디어와 원고 투고를 기다립니다. 책으로 만들기를 원하는 콘텐츠가 있으신 분은 이메일이나 홈페이지를 통해 간단한 기획서와 기획의도, 연락처 등을 보내주십시오. 행복에너지의 문은 언제나 활짝 열려 있습니다.

SELF LEADERSHIP

방장산에서 계룡산까지

긍정의 힘!
셀프리더십!

류중은 지음

장군의 36년 군생활과
대학교수 경력을 통해 체득한
긍정의 힘과 셀프리더십 스토리!

도서
출판 행복에너지

서 언

영산강 상류지역 전라도 방장산 시골마을에서 태어나 무등산과 불암산 기슭에서 공부하고 수련하였으며 광덕산, 용화산, 추월산, 심학산, 북한산, 방태산, 임진강 등에서 나라 지키는 일에 젊음을 바치고, 전역 후에는 대학에서 학생들과 공부하다가 현재는 계룡산 기슭에서 독서와 취미활동을 하며 살아가고 있다.

한국 전쟁 휴전 직후 시골에서 어린시절과 기나긴 군 생활을 지내 오면서 보람 있었던 기억과 기록을 정리하여 후배들과 대화를 나누고, 남은 삶에 새로운 동력을 만들고 싶은 충동으로 펜을 들었다. 6남매 중에 넷째로 태어나서 부모님의 각별하신 보살핌으로 외롭지 않게 자라 왔으나, 어린시절 꿈이 없다 보니 정신 차리지 못하고 그럭저럭 학교생활 했던 것이 대학진학에 발도 못 붙이고 낙방이 되어 우왕좌왕 하는 신세가 된다.

고교 졸업 후 시골에 내려가서 일손을 도와드리기도 하고, 어울려 다니며 놀기도 하고 방황도 했다. 이러다가 '커서 내가 뭐가 될 것인가? 농촌 일꾼이 된다? 대학 생활은 못 해 본다?' 이때 정신이 번뜩거리면서 '대학을 어떻게든 가야겠다'라는 생각을 굳히고 산속으로 들어가기로 결심한다. 집안 형편을 이해하고 있

긍정의 힘! 셀프리더십!

었기에 부모님 부담을 덜어 드리면서 해결하기 위한 방책이었다.

6개월간 친구도 멀리하고 새벽부터 밤까지 독학에 전념했다. 공부를 충분히 하면 장학생으로 입학할 수 있다는 목표를 정하고 오직 입시준비에만 집중했다. 지금까지 그렇게 몰입해 본 적이 없었다.

우연히 육군사관학교를 지원하기로 마음을 정하고 병무청에 원서를 접수했다. 나의 형편에 맞는 선택이라고 생각하고 급하게 결정했던 것인데 다행히 합격이 되었고, 그렇게 해서 태릉에 있는 육사에 입교하게 된다. 자력으로 대학을 입학했으니 이것이 나의 인생에서 첫 번째 성공인 셈이다.

육사의 생도생활은 나에게 쉽지 않은 난관이었다.

촌놈에게 준비되지 않은 새로운 세상이었기 때문이다. 국가의 간성(干城)이 될 수 있다는 선배들의 말에 희망을 걸고 꾹 참고 이겨 내면서 열심히 단련했다. 능력이 부족했던 나로서는 많이 배우고 무사히 졸업하는 것이 목표였다. 결국 해냈다. 1977년 영예로운 졸업과 동시에 장교로 임관했으니 이것이 나의 두 번째 성공인 셈이다.

육군소위 계급장을 어깨에 달고 전방에 배치되는 날, 너무나 신이 났다.

후회없는 군생활, 인정받는 장교가 될 것을 다짐했다.

야전에서 묵묵히 그리고 최선을 다해 뛰었다. 이사를 스물한 번, 우여곡절도 많았고 과로로 병원수술도 두 번이나 하면서 정말 힘든 고비가 있었지만, 포기하지 않고 용기를 잃지 않았던 결과 2003년에 장군의 영예를 안게 되었다.

나에게 과분한 선물이었다.

군 생활 마지막 보직은 육군 리더십 센터장이었다. 군의 리더십을 연구하고 교육 프로그램을 개발하면서, 개인적으로는 지나온 과거를 성찰하고 자신의 부족한 점을 새롭게 발견할 수 있는 유익한 기간이었다. 여기서 군 생활을 명예롭게 마감하고 전역한다. 전역했으니 새롭게 무슨 일을 할 수 있을까?

역할을 찾아 망설이던 중, 대전의 어느 국립대학교에서 초빙교수로 근무할 수 있는 기회를 갖게 되었다. 본인의 소망이었기에 참으로 기쁜 일이었다. 국립 한밭대학교에서 안보학 교수로 임명받던 날! 이날은 내 인생에서 새로운 출발이었다.

지난 군 생활과 퇴역 후 생활을 돌이켜 생각해 본다. 내가 뛰어난 재주도 없고 부족한 점도 많았는데 군생활을 명예롭게 마치고, 군문(軍門)을 나와서는 대학에서 교수직도 수행할 수 있었던 것은, 있는 그대로의 자신을 받아들이면서 '나도 할 수 있다'는 희망을 잃지 않았기 때문이라고 생각된다. 무엇보다도 육사 시절에 익힌 사관생도 신조를 늘 명심한 것이 큰 도움이 되었다. 안일한 불의의 길보다 험난한 정의의 편에서, 긍정적으로 생각하면서 행동하고 노력해 온 과정을 '긍정의 사다리' 라고 부르고 싶다.

긍정의 힘! 셀프리더십!

– 지금도 늦지 않다, 하면 된다, 목표 설정, 포기는 없다 –

지금은 계룡산 자락에서 텃밭을 가꾸며 취미생활도 하고 가끔씩 안보와 리더십분야 초빙강의를 다니고 있다. 전역 후 지금 살고 있는 이곳은 내가 소망했던 소박하고 안락한 곳이다. 또 하나의 선물이라고 할 수 있다.

오늘이 있기까지 본인에게는 큰 행운이 있었고 도와주신 분들이 너무 많았다. 열심히 내조해 준 사랑하는 가족과, 존경하는 선배 및 동료·부하들이 있었기 때문에 가능했다. 지나온 날들 중 너무나 감사해야 할 일이 많다. 미흡한 상태에서 아는 척했던 수많은 순간들은 부끄럽기 그지없다.

그래도 후배들에게 할 수 있는 일이 있다고 용기를 냈다.

리더십 센터장과 대학교수를 하면서 공부했던 자료들을 지난 군 생활과 엮어서, 리더와 팔로워로서의 체험 스토리로 정리했다. 힘들고 어려운 순간이 많았지만 긍정적 생각과 셀프리더십으로 극복하면서 정진해 왔던 그동안의 체험 사례를 부분적으로 제시하였는바, 후배들의 긍정에너지와 용기에 도움이 되었으면 하는 바람이다. 이 책이 만들어지도록 도움을 주신 행복에너지 권선복 대표에게 감사의 마음을 전한다.

계룡산 기슭에서

류중은

목 차

: 방장산 자락에서 배고픈 시절
: 무등산 자락에서 자취방 6년

제1장

장성 방장산에서
광주 무등산으로

방장산(方丈山) 자락에서 ·

· 배고픈 시절

·

내가 태어나서 어린 시절을 보낸 곳은 전라남도 장성군 방장산 아래에 있는 마을이다. 전남과 전북을 가르며 우뚝 솟구친 방장산(733m)은 노령산맥의 한 줄기로서 전북 고창군, 정읍시와 전남 장성군 북이면의 경계에 있는 산으로 거대한 주봉을 이루고 있다.

방장산은 옛날부터 지리산, 무등산과 함께 호남의 삼신산으로 불려 왔으며, 산세가 웅장하고 정상에서 멀리 서해바다와 동쪽으로 무등산이 보인다. 우두머리를 일컫는 '방장'이 의미하듯, 우뚝 솟구친 이 산에서는 지리산가, 정읍사, 선운산가, 무등산가와 더불어 백제 5대 가요중 하나인 방장산가가 전해져 내려오고 있다.

인접에 입암산(654m)이 있으며, 그 사이에 장성 갈재와 노령이 연결되어 있고 입암산 줄기 따라 백암산(741m)과 내장산 국립공원이 어우러져 사방으로 조망이 형성되는 곳이다.

방장산이 신령스럽고 산세가 깊어 옛날에는 도적떼가 많았다고 한다. 본래 방등산이라고 불렀다가 근래에 산이 넓고 커서 백성을 감싸 준다는 뜻으로 방장산이라 고쳐서 부르게 되었다고 전한다.

숲이 좋아 최근에는 자연휴양림이 조성되었고 고창에서 백양사로 연하는 도로가 잘 발달되어 많은 관광객이 왕래하는 유명지가 되고 있는 곳이다. 방장산과 입암산 골짜기에서 흘러내린 물이 황룡강-영산강의 북쪽 발원지가 되어서 이곳은 물 맑고 공기 좋은 청정구역으로 알려져 있다.

여기에 장성호(長城湖)가 축조되어 알려지면서 장성의 관광명소가 되었다. 방장산과 입암산, 백암산의 중앙지역이 북이면 사거리(四街里) 마을이고, 이곳에서 나는 북이 초등학교를 졸업했다.

가난했던 시절이라 미국에서 지원하는 원조품으로 빵과 죽을 끓여 먹으면서 공부했던 시절, 교실이 부족해서 야외 그늘에서 공부해야 했고, 전기가 아직 보급되지 않던 때라 학교수업이 끝나면 산에 가서 땔감을 채취하고, 냇가에서 멱 감고, 온 식구가 한 방에서 침식해야 했던 그 시절! 그래도 예의와 질서가 있었고 가족공동체의 생명력이 넘쳐서 정겹게 살았던 추억이 떠오른다.

무등산(無等山) 자락에서 ·

· 자취방 6년

·

무등산(1,187m)은 광주광역시 동구·북구와 담양군, 화순군에 걸쳐 우뚝 솟아 있는 광주의 진산으로 산줄기와 골짜기가 뚜렷하지 않은 둥근 모습을 하고 있다. 광주의 옛 이름이 무진주(武珍州)라고 불렸듯이, 무등산도 무악(武岳)으로 불렸다. 산 정상은 천왕봉, 지왕봉, 인왕봉 등 3개의 암봉으로 이뤄져 있고 입석대, 서석대 등의 이름난 기암괴석과 수박, 춘설차, 억새풀 등이 매력으로 알려져 있다.

광주의 대표적인 상징!

광주광역시에 접근하다 보면 멀리서부터 무등산이 한눈에 들어오면서 묵직하고 둥그런 덩치에 빨려 들어가는 느낌을 받게 된다. 나는 초등학교를 마치고 중학교 진학을 위해 처음으로 광

16

주 땅을 밟았다. 1966년의 시외도로 상황은 대부분이 비포장이었으므로 버스를 타고 내릴 때 먼지를 뒤집어쓰는 게 당연하였다. 그래도 긴 시간 도시로 들어가는 버스를 타는 자체가 즐거운 여행이었다.

두 시간 가량 걸려서 광주 초입에 들어가자 멀리 무등산 정상이 보였다. 광주 시내로 들어가고 있다는 게 가슴이 뛰었다. 쌀한 포대와 김치 한 냄비를 들고 도착한 곳은 무등산 근처 서석동에 위치한 문간방(門間房), 부엌도 없고 마루 밑 연탄아궁이가 있는 방 한 칸이었지만 도시에서 중학교를 다닐 수 있게 되었다는 벅찬 새 출발에 마냥 기대가 되었다.

학교는 광주 북구 태봉산 자락에 위치한 외국인 수도회에서 설립한 학교!

처음으로 타 보는 시내버스! 승차 요금이 3원이었다. 시내버스 하차 지점에서 비포장도로 2km를 걸어서 학교 정문에 도착하였다.

시골에서 자라서 도시의 중학교에 입학했다는 자체만으로 외국에 유학이라도 온 것처럼, 둥지를 떠나 하늘을 나는 새끼 새와 같은 모습이 아니었을까? 학교 근처는 대부분이 논밭, 공동묘지, 태봉산……. 태봉산은 높이가 53m이지만 평지에 우뚝 솟아서 꽤 높아 보였다. 조선시대 왕자의 태(1624년 태어난 인조의 아들)를 묻은 산으로 알려졌다. 1967년 도시개발로 지금은 없어졌지만 당시에는 광주의 '여의주'와 같은 곳이었다.

내가 다닌 살레시오 중학교는 살레시오 수도회(이탈리아 토리노

1854년 돈 보스코 신부 설립)에서 청소년 교육사업 목적으로, 한국전쟁으로 폐허가 된 땅 위에 최초로 설립한 건물이다. 초대 교장에 마르텔리 신부(이탈리아)가 취임하였고, 머지않아 사학의 명문으로 키워졌으며 지금은 호남교육의 전당으로 자리 잡게 되었다.

당시에 학교시설이나 교육방법이 좋은 편이었으며, 특히 인상적이었던 것은 학교의 교훈(마음을 깨끗이·몸을 깨끗이·환경을 깨끗이)이었다.

졸업한 이후에도 나는 이 교훈을 잊지 않고 늘 마음에 새기고 있으면서, '깨끗하게 인생을 살아가야 한다'라고 다짐하면서 후배교육에서도 자주 적용하고 있다.

올바른 품성과 인격을 겸비하도록 지도해 주신 모교에 너무나 감사하게 생각한다.

'사랑과 배려'를 강조하면서 올바른 가치관을 심어 주기 위해 애써 주신 신부, 수도사, 은사님들의 모습이 지금도 눈에 선하다.

중학교를 졸업한 후에, 시험 없이 곧바로 같은 건물의 고등학교에 진학하게 되었다.

한 학교에서 중·고교 과정을 마치는 동안 학교 주변은 쉴 틈 없는 토목공사의 연속이었다. 태봉산은 없어지고 광주역이 새롭게 이전해 오는 등 도시개발이 계속되더니, 현재는 학교 전체가 광주 북구지역 일곡동으로 옮겨서 더 좋은 환경으로 변화되어 있다. 중·고교 시절을 한 학교에서 수업은 했지만 나의 자취방 거주지는 아홉 군데를 옮겨 다녀야 했다. 형, 동생을 포함 3남매가 자취방을 옮겨 다녀야 했던 그 당시의 애환이 흑백필름의 추억으로 주마등처럼 떠오른다.

매주 먹을 쌀과 반찬을 조달해 주셨던 어머님의 정성이 얼마나 고된 것이었는지 그때는 몰랐던 것 같다. 그런 부모님의 고생에 제대로 부응하지 못했던 그때 그 시절이 많이 후회스럽다. 학교생활에 꿈이 없었고, 목표가 희미하여 6년간의 학업기간을 충실하게 보내지 못했기 때문에 광주에서의 유학은 결과적으로 실패였다.

지금 생각해 보니 너무 안일했고 꿈과 목표가 없었다.

- 인생의 성공이란 무엇인가?
- 행복한 인생이란 어떤모습인가?
- 어른이 되면 무엇이 될 것인가?
- 내가 커서 하고 싶은 분야는 무엇인가?
- 나의 소망을 성취하기 위해서 학교 생활을 어떻게 할까?

이러한 물음에 고민과 진지한 상담이 있었다면 고교학창 시절을 알차게 보낼 수 있었을 텐데…….

더 이상 진학을 못했던 것은 자업자득(自業自得)이었다.

: 복암사(伏巖寺) 사찰에서 독학
: 태릉 육군사관학교에 입학

제2장

나주 복암사에서
불암산으로

복암사(伏巖寺) 사찰에서 ·

· 독학

·

대학진학에 실패하고 친구들과 어울려 놀며 방황하다가, 고향 시골집에 내려가서 집안 농사일을 도와드렸다. 그러기를 한 달 쯤 지났을 때 '내 인생은 어디로 가고 있지? 나의 미래 모습이 뭐지?' 하는 생각이 들었다.

청사진이 그려지지 않고 농촌 시골에서 그냥 일하면서 살아가는 모습만 연상되었다. 내 자신의 미래에 대한 초라한 자화상을 보면서 이대로 머물러서는 안 되겠다는 절박한 생각에 광주로 무작정 발길을 돌렸다.

나와 함께 대학진학에 실패한 절친한 친구 K를 만나 우리의 진로에 대해 상의했다.

며칠을 함께 고민하다가 우리의 의사를 결정했다. 함께 지내

긍정의 힘! 셀프리더십!

는 것보다 멀리 헤어져서 각자 집중해서 공부하는 것이 좋겠다고 숙연하게 약속하고 헤어졌다.

이렇게 해서 나는 친구가 소개해 준 복암사 암자로 들어갔다.

(K친구는 현재 뉴질랜드로 이민하여 잘 살고 있음)

복암사는 나주시 다시면 신걸산(信傑山 · 371m)에 있는 조그만 비구니 사찰이다.

백제 의자왕 때 안신선사가 보광사의 20여 개 암자 중 하나로 창건하였으며, 고려시대 진각국사가 중창하여 복암사라 명명하였다. 대웅전 뒤의 큰 바위가 앞으로 엎어질 듯 튀어나왔다 하여 그런 이름이 붙여졌다고 하며 사찰 주변의 전경이 매우 아름다운 곳이다.

친구와의 약속은 지금 생각해 보면 인생의 갈림길에서 중요한 의기투합(意氣投合)이었다. 이곳 사찰에 공부하겠다고 들어왔으니 공부에만 몰두하기로 결심하고, 입시과목을 마스터하면 진학이 가능할 것이란 신념으로 새벽부터 밤까지, 오직 입시준비만 생각하며 미치도록 공부에 전념했지 않나 싶다.

산중 생활은 처음이라서 초기에는 너무나 적적하고 외롭기도 하였지만, 각종 새소리, 바람소리, 풍경소리, 새벽 예불소리에 적응하면서 왜 여기에 와 있는가?를 생각할 때마다 자신의 역할과 책임감이 벅차오르는 느낌을 갖게 되었다. 잡념과 유혹을 멀리할 수 있는 내구력도 길러지는 듯 싶었다.

　6개월가량을 외부와 일체 만남을 끊고 노력을 한 결과, 입시에 대한 자신감이 생겼다. 이 무렵에 우연하게 육사생도 모집 소식을 듣고, 마음이 끌려 갑작스럽게 병무청에 원서를 제출하게 된다. 접수 마감시간이 임박하여 처음으로 택시를 타 보는 기회도 가졌다. 광주 상무대에서 시험을 치렀다.

　집안에 경제적 부담을 덜어드리면서 자력으로 대학진학을 할 수 있겠다는 일차적 꿈이 이루어질 수 있는 상황이었기 때문에 희망을 갖고 응시했는데 다행스럽게 합격이 되었다.

　초라했던 재수생의 처지를 벗어나는 순간이었다. 6년간의 자취생활과 1년간의 독학 과정에서 자립의지가 생겼던 때문인지, 사관학교 과정이 엄격하고 고생이 많다고 알고 있는데 두렵기에 앞서 더 큰 꿈에 도전해 볼 수 있는 기회라고 생각이 들어서 육군사관학교에 입학하기로 결심하였다.

태릉 육군사관학교에 ·

· 입학

·

불암산(佛巖山, 509m)아래 태릉 근처에 육사가 위치한다.

태릉(泰陵)은 서울 공릉동에 위치하며, 조선 11대 왕 중종의 두 번째 계비인 문정왕후 윤씨의 무덤이다. 당시 문정왕후의 세력이 얼마나 컸는지 짐작할 수 있을 만큼 웅장한 능으로 조성되어 있으며, 주변 소나무 숲이 좋고 근처에 선수촌, 육군사관학교가 위치하고 있어서 많은 사람이 왕래하는 명소가 되었다.

육군사관학교는 1951년 진해에서 4년제 육사로 개교, 1954년 이곳 태릉으로 이전하여 2020년 3월에 제76기가 졸업하였다.

육사는 국가방위에 헌신할 수 있는 육군 정예장교를 육성하기 위하여 올바른 가치관, 품성, 군사전문가 역량을 구비하는 데 중점을 두고, 학교의 교훈은 "지(智), 인(仁), 용(勇)"이다. 육사에 입교하기 위해서는 공부는 물론이고 신체, 체력, 사상, 태도 등에서 결격 사유가 없어야 가능했고, 3차 과정에 걸쳐서 엄밀하게 심사하여 합격 여부를 결정한다. 1972년 말 당시, 육사 합격자 발표는 병무청 게시판과 신문을 통해 공지되어서 나도 병무청에 가서 확인했었다.

합격 소식에 고향 주민들은 최초 육사 합격이라며 큰 박수를 보내 주셨다.

처음으로 자존감을 느껴 보는 성공이었다. 1973년 1월 말 부친과 함께 1번 국도로 버스를 타고 태릉으로 향했고, 1개월간 입학 전 훈련을 받게 된다.

4주간의 기초 군사훈련을 통해서 사관학교 적응력을 기르는 과정이다. 태릉골 사자 새끼를 훈련시키는 과정으로 소문난 만큼 강한 군인을 만드는 지옥훈련(?) 프로그램이었다. 이 과정을 성공적으로 이수해야 입학 자격을 얻는다.

훈련과정 모든 것이 나에게는 당황스럽고 고통이었다. 촌놈이 구경 한 번도 못 해 본 태릉인 데다가, 예상치 못했던 프로그램이라서 훨씬 힘들었다.

스스로 결정한 힘든 과정이었지만, 정식으로 사관생도로 태어나는 입학식 날 나는 그렇게 기쁠 수가 없었다. 성취감, 자신감, 자부심으로 새로 태어난 느낌(?)이었다.

정식 사관생도 1학년으로서 당당히 상급생들과 섞여 1학기 정상 일과가 시작되었다. 6시 기상 후 애국가를 부르고 사관생도

긍정의 힘! 셀프리더십!

신조를 제창한 뒤 뜀걸음, 청소, 그리고 아침식사를 마친 다음 북소리에 맞춰 교수부로 학과 출장을 한다. 오전수업을 마치면 오후에는 군사학, 체력단련, 취미학습 등을 마친 뒤에 저녁식사를 하고, 이후 잠깐의 자유시간이 주어진 뒤 자습, 저녁 점호 후 취침에 들어가며 밤중에는 교대로 보초 실습근무를 수행한다. 취침 나팔소리를 들으면서 하루 일과를 마칠 때 비로소 제정신을 차리고 하루를 되돌아본다.

상급생의 통제를 받는 자치제 규정에 의해서, 엄격한 규율 적용과 강인한 군인정신 주입 과정이 긴장의 연속이었다. 특히 1학년 과정에서는 잡념의 여유를 가질 틈이 없다. 살아오면서 처음 느껴 보는 압박과 통제라서 정신적·육체적인 고통이 이루 말할 수 없었다. 당시의 국가적 상황과 국민적 수준 때문에 필요한 제도였다고 생각한다.

한 학기가 끝나면 휴가 3주를 보내고 이어서 여름 군사훈련을 집중해서 실시한다. 행군, 각개전투, 수영 등 땡볕 속에서 극기 훈련과 전투기술을 연마했던 기억이 난다.

1학년을 보내면서 고통과 불안, 갈등으로 중간에 그만 포기할까 생각도 했지만 상급생과 훈육관의 충고로 고비를 넘겼다. 나중에 생각하니 한 번쯤 거쳐야 했던 홍역이었으며, 갈등을 무사히 이겨 낸 뒤 낙오자는 되지 않겠다는 긍정적 생각이 들면서 그 뒤 즐겁게 4년의 사관학교 생활을 보람있게 마치게 된다.

육사는 나에게 너무나 많은 것을 깨우쳐 주었고, 자신감을 심어 주었다. 건전한 가치관과 국가관, 명예심을 배양시켜 국가에 필요한 재목으로 키워 준 육사 시절의 철저한 심신단련 과정은 잊지 못할 고마움이고 큰 행운이었다고 생각된다. 육사 교육을 통하여 국가와 민족을 다시 생각하게 되었고, 진정한 '충·효·예'를 인식하게 되었다.

새로운 세상을 알게 해 준 하느님의 선물이었다. 영예로운 육사 졸업은 나의 인생에서 두 번째 성공인 셈이다.

사관생도 신조는 나의 군 생활 지표가 되었고 국가관이 되었다.

(나는 국가와 민족을 위해서 생명을 바친다. 나는 명예와 신의 속에 산다. 나는 안일한 불의의 길보다 험난한 정의의 길을 택한다)

사관학교 교육은 지금와서 생각해 보니 참으로 훌륭한 리더 양성 프로그램이었다. 육사 교훈(智. 仁. 勇)속에 생도들을 튼튼한 리더로 양성하기 위한 리더십의 각종 역량요소가 모두 반영되어 있었다. "智. 仁. 勇"은 즉 실력, 인성과 태도, 솔선수범으로 풀이해볼 수가 있다.

첫째, 실력(智)은 본인의 꿈과 목표를 향해 지식과 전문성, 체력을 구비하고 긍정적 사고로 올바른 가치관을 행사하는 것이다.

올바른 가치관은 국가에 충성하고 부모에 효도하며 예의와 윤리에 어긋나지 않은 도리를 갖추는 것이다.

둘째, 인성과 태도(仁)는 자신의 인격과 성품을 연마하는 것이다.

먼저 이해하고 사랑하는 마음으로 아량을 배풀고 겸손과 배려로 상대방과 상생하며 인화단결로 시너지를 확대하는 것이다.

셋째, 솔선수범(勇)은 행동으로 본보기를 보이는 것이다. 진정

긍정의 힘! 셀프리더십!

한 용기로 봉사와 헌신에 앞장서며 선공후사(先公後私) 정신으로 공익을 위해 희생적 모범을 실천하는 것이다.

이와 같이 "智. 仁. 勇"은 청년들에게 진정한 리더십을 수련시키는 지표라고 할 수 있다. 청년들에게 원대한 꿈을 갖게 하고 인품과 실력으로 올바른 영향력을 행사하도록 하는 리더의 구비요소가 함축되어 있었던 것이다.

: 광덕산에서 소대장, 중대장
: 보병학교 교관 하면서 야간대학원 수료

― 제3장 ―

전방 광덕산
수색대원이 되다

광덕산에서 소대장, ·

· 중대장

·

육사 졸업식은 대통령을 모시고 화랑대 연병장에서 거행된다.

1977년 3월, 개나리꽃이 무성하고 목련이 활짝 핀 봄날, 영예로운 졸업으로 육군 소위 계급장을 어깨에 달았다. 4년간의 수련 과정을 마치고 "내 생명 조국을 위해" 돌탑과 고 강재구 소령 동상 앞에서 결의를 다진 후 장교로서 첫 걸음이 시작되었다.

곧바로 육군 보병학교(상무대)에 입교하여 16주간의 장교 초등 군사반 과정을 수료한 후 7월 말에 야전 부대 배치를 받았다.

최초 근무지로 배정받은 곳은 경기도 포천지역 최전방 광덕산에 위치한 부대였다.

광덕산(廣德山 · 1,046m)은 강원도 철원군, 화천군, 경기도 포천군에 걸쳐 있는 산으로 태백산맥에서 갈라진 광주산맥에 속하며, 동쪽에 복주산, 대성산, 남쪽에 백운산, 서쪽에 명성산이 솟아 있으며, 산의 모습이 웅장하고 덕기가 있다고 하여 이름이 광덕산으로 되었다고 한다.

광주 상무대에서 교육을 수료하고, 경기도 포천군 이동면 도평리를 경유하여 백운산 계곡 고개(일명 캬라멜 고개·경기도와 강원도 경계)를 넘으니 광덕산 입구에 도달했고, 거기서 산 중턱까지 한참을 더 올라가니 야전 콘센트 막사가 있었으며, 그곳이 내가 최초로 부임한 부대였다. 도착하니 새카맣게 그을린 부대원들이 환영해 주었다.

제8사단 수색대대의 1개 지역대가 경계 작전을 위해 오랫동안 파견되어 있는 상태였다. 파견부대는 그 당시 수시로 출현하는 간첩들을 수색하고, 야간에는 매복 작전으로 침투하는 적을 경계하는 것이 주 임무였다.

수색부대 소대장으로서 수색요원들을 인솔하여 실탄, 수류탄, 크레모아 등으로 무장하고 매일같이 작전임무를 수행하였으니 그야말로 야전 군인이 되었음을 실감할 수 있었다.

오뚜기 부대 8사단에 근무하는 동안 포천군 일동, 이동, 운천, 철원, 와수리, 신수리 지역에서 5년 동안 보병 초급장교로서 밤낮없이 뛰고 뒹굴면서 많은 훈련을 했다. 구석구석 산야를 수없이 누비면서 밟았고, 야전 숙영을 안 해 본 곳이 없다.

중위 계급을 달고 작전항공 분야 직책으로 근무할 때 사향산에서 전투기를 호출해 놓고 사단 전 지휘관을 대상으로 전시 항공지원 시범을 보인 것은 용기있는 창작이었다.

특히 중대장으로 근무하던 기간에 2회에 걸쳐, 원주-여주 지역 일대에서 중대원을 이끌고 팀 스피릿 연합훈련을 하면서, 천등산 박달재 고개를 넘어 다니며 보름 동안 실전과 같은 훈련으로 뛰었던 일들은 책임감으로 무장된 열정 때문이었다.

지난 5년 동안은 6개직책을 수행하면서 수색 및 매복작전, 훈련장 폭파공사, 공군기 유도훈련, 야외기동훈련 등 부하들과 함께 불철주야로 뛰어다닌 기간이었다. 일단 임무가 부여되면 세부 시행방법은 본인이 지휘자로서 창의적으로 방법을 계획하여 이동로, 장소선정, 진행방법 등에 대해서 소신 있게 주도적으로 밀어부쳤다는 점에서 칭찬도 받았고, 보람도 있었다.

부하들과 동고동락하고 상관의 칭찬을 받으니 자발적인 충성심으로 무엇이든지 못 할 게 없었다. 부하들의 임무수행 방법을 제한하고 간섭과 통제가 지나친 경우가 있다면 이는 능동적 팔로워십을 저해하는 모습이라 할 수 있다. 광덕산에서 5년간의 야전생활은 힘들었지만 마음껏 뛰면서 신바람 나는 일을 할 수 있었던 리더십 수련기간이기도 했다.

긍정의 힘! 셀프리더십!

보병학교 교관 하면서 ·

· 야간대학원 수료

·

열정과 땀으로 정들었던 전방지역 근무를 마치고 1982년 봄, 광주 상무대 고등군사반 교육과정에 입교하였다. 상무대는 광주시 쌍촌동에 위치한 전투병과의 학교들이 함께 배치되어 있다. 16주간의 기간에 전술학, 참모학, 지휘통솔 등 군사학 전문성 배양을 위해 교육을 받는다. 성적이 상위층에 들지 않으면 진급에 영향을 받으므로 꽤나 열심히 공부했던 것으로 기억된다.

주변 하숙집에서 따뜻하고 맛있는 숙식을 제공해 주셨던 주인집 아주머니도 참 고마운 분으로 생각난다. 밥맛이 좋아서였던지 교육수료 성적도 괜찮아 학교 전술학 교관으로 남게 되었다.

교육기간이 끝날 무렵 상무대 근처 예쁜 아가씨를 만나 교육수료식 다음 날 결혼식도 올렸다. 상무대에서 제공하는 군 관사 13평 아파트에 신혼 방을 차렸는데, 연탄아궁이 부엌에 방 2개의 제법 살 만한 집이었다.

하숙집 신세에서 가정집 살림을 꾸렸으니 든든한 가장으로 변한 것이다. 아내가 해 주는 밥을 먹고 전술학 교관으로 학교에 출근하는 입장이 되고 보니, 야전하고는 딴 세상이었다. 처음으로 느껴 보는 직장의 직원이 된 기분이다.

교관의 임무는 후배 장교들에게 군사학을 지도하고 상담의 역할을 한다. 강당에서 강의도 하고 야외에 나가서 현장실습도 하면서 학생 장교들과 공부하고 연구도 할 수 있었던 교육자로서 보람 있는 기회였다.

여기서 2년을 근무하면서 주간에는 교관 임무를 수행하고 밤에는 야간대학원을 다녔다. 후방에 근무하면서 석사학위 과정을 공부할 수 있는 적절한 기회였으므로, 멀지 않은 곳에 있는 전남대학교 경영대학원에 원서를 제출했다. 주간 업무가 끝나면 주에 2~3회 대학으로 달려가 인사관리 분야의 강의를 듣고 나름대로 열심히 공부했던 기억이 새롭다. 주경야독(晝耕夜讀)을 실감하면서 대학의 캠퍼스 체험으로 학문의 기쁨과 새로운 희망을 만들었던 소중한 재충전 기회였다. 여기서 석사과정 공부를 했던 덕분에 야전에서 부대 관리와 리더십 수련에 많은 도움을 받았다고 말할 수 있다.

교관업무 2년을 마치면서 육군 소령으로 진급했다. 육사를 졸업한 지 7년 만에 영관장교가 되어 기쁘기 그지없었으며 성취감과 자부심이 느껴졌고, 한편으로 무거운 책임감도 갖게 되었다.

긍정의 힘! 셀프리더십!

이때 첫 아이 민형이가 태어나서 기쁨이 더했다.

 교관 근무를 마치고 아이를 데리고 진해에 있는 육군대학에 입교하게 되었다.

 영관장교가 되면 교육을 받아야 하는 필수 과정이다. 그런데 갑작스런 방침 변경으로 1년 기간의 정규 과정이 안 되고, 4개월 기간의 참모 과정으로 가게 되었다. 씁쓸했지만 긍정적으로 받아들였다. 단기교육 과정이라는 상대적인 열등감이 느껴졌지만 교육성적으로 보충하겠다는 부담감이 생겨 입교 전부터 먼저 마음이 무거웠다. 이곳에서 성적이 저조하면 차후 진급에 누락 가능성이 높다 하여, 제법 경쟁이 치열한 분위기에서 공부한다고 들었기 때문이다.

 식구와 함께 짐을 싸서 진해로 향했다. 바닷가에서 살아 보는 건 처음이라서 즐거운 희망을 갖고 새로운 생활이 시작되었다. 입교하자마자 고시준비 마냥 치열하게 공부하는 분위기에 긴장감(?)도 느껴졌다.

 그래도 바닷가 짠 내음을 맡으며 후방에서 여유와 재미를 맛보는 기회이다. 모처럼 선·후배, 동기생 친구들과 소주도 한잔하고 가까운 바닷가 산책도 하면서 전방에서 쌓였던 회포를 푸는 재미있고 유익한 기간이었다.

 그런데 교육시작 한 달쯤 지났을 때 사고가 발생했다. 공부하는 교실에서 갑자기 몸을 다치는 일이 생긴 것이다. 수업진행 준비를 돕다가 갑자기 바닥에 넘어지면서 무릎 인대가 파열되었다.

병원 치료가 불가피하여 진해 해군병원에 입원했더니 수술을 해야 한다는 군의관의 말에 눈앞이 캄캄했다. 수업을 빠져야 하는 부담이 있었지만 수술을 택했다. 다행히 군의관의 수술이 잘 되어 2주 만에 깁스 상태로 퇴원하여 5주간 목발 신세로 학교를 다녀야 했다.

동료들의 도움으로 수업 내용을 자습하면서 다행히 시험을 통과할 수는 있었다. 졸업 1주 전에 깁스를 풀고, 그나마 만족스러운 성적으로 졸업했으니 잊을 수 없는 고난의 교육기간이었다. 마침 그때가 진해 군항제 축제 기간으로 아름다운 벚꽃이 건강 회복과 졸업을 축하해 주었다. 부러진 다리가 더 튼튼해질 수 있다는 믿음을 갖고 수료와 동시에 성적표를 들고 야전에 배치되었다.

이번에는 어느 지역으로 가서 근무할까? 식구와 함께 첫 야전 부대 생활인데…….

서울지역 향토방위 담당 56사단으로 배치 명령을 받았다. 세 돌 된 민형이를 데리고 서오릉 부근 부대관사로 이사를 했다. 서울 부근이라서 식구들은 호기심도 있었지만 나로서는 영관장교 첫 부임지여서 역할이 궁금했다.

서오릉(西五陵)은 고양시 용두동에 창릉, 익릉, 명릉, 경릉, 홍릉 5기의 왕릉이 있다.

구리시의 동구릉 다음으로 큰 조선왕조의 왕실 족분군이다. 서울시 은평구 구산동과 인접해 있으며 숲이 울창해서 인근 주민들이 산책코스로 즐겨 찾는 곳이다.

서오릉과 인접해서 사단 사령부와 군부대 관사가 있어서 비교적 서울시 생활권에서 근무할 수 있었다. 사단의 당시 임무는 서울시 강북 지역 향토방위 임무와 예비군 자원관리 및 교육훈련을 하는 것이며, 여기에서의 직책은 작전 참모장교이었다. 그 당시에 86아시안게임과 88올림픽 행사가 개최되어서 성공적인 행사를 뒷받침하기 위한 군사대비에 바쁘게 뛰었다.

기간 중에 향토방위 대비태세 점검을 위해 시가지 골목 가각 진지와 중요시설 방호태세 현장 확인을 통하여 민. 관. 군의 통합방위 안보의식을 진단해 볼 수 있었다. 기관장과 시설장의 안보리더십이 건실한 직장은 예비군들의 긍정적 안보관이 믿음직했지만, 투철하지 못한 시설장의 직원들은 방호훈련에 불평이 많아 보였다. 안전을 보장하는 대비태세에 직장대표와 지역예비군 지휘자의 안보리더십은 그 무엇보다 중요하기 때문에 대비계획을 보완하고 현장토의를 수시로 시행하였으며 나름대로 향토방위에 대한 자신감을 갖는 기회가 되었고 서울시의 방호에 일익을 담당했다는 보람도 있었다.

서오릉 부대에서 3년간 많은 실무경험을 쌓고 정들었던 부대를 떠나 또다시 전방으로 이동하게 된다.

: 천리행군 중에 화악산에서 진급
: 계룡대에 입성, 진급에 낙방
: 또다시 특공부대원이 되어 사전오기(四顚五起)
: 국방대학교에 입교

─ 제4장 ─

강원도 파로호에서
특공부대장이 되다

천리행군 중에 ·

· 화악산에서 진급

·

1988년 10월, 중령 진급 예정자로 대대장에 취임하게 되었다.

강원도 화천군 간동면 오음리에 있는 군단의 특공부대 4대대
장으로 명령을 받고, 북한강변을 따라 계속 올라가다가, 춘천댐
과 화천읍을 지나서 파로호에 인접한 독립부대에 도착했다.

파로호(破虜湖)는 강원도 화천군과 양구군에 걸쳐 있는 호수이며,
1944년 북한강 협곡을 막아 축조한 댐이다(간동면 구만리). 화천 수
력발전소는 화천댐 낙차를 이용하여 출력 10만kw가량을 생산
한다. 6·25전쟁의 화천 전투 때 북한군과 중공군 수만 명을 수
장한 곳이라 하여 이승만 대통령이 파로호라고 명명하였다(그 당
시 여기에서 익사, 사살로 수장된 중공군은 대략 2만4천 명이라고 전해진다. 거의
20세기 판 살수대첩이라고 할 만하다).

8·15광복 직후에는 38선 이북이었으나 6·25전쟁 때 수복하

긍정의 힘! 셀프리더십!

였으며, 상류에 평화의 댐이 있다. 파로호 주변에 보이는 모습은 산과 호수뿐이다.

부대가 위치한 간동면 마을은 죽엽산(859m)–파로호–용화산(877m)–부용산(880m)으로 둘러싸인 폐쇄 지역이었다. 베트남전쟁 시 한국군 참전용사 훈련소로 이용했던 지역으로도 알려져 있다.

큰아이 민형이(6세)와 둘째 민우(생후 6개월)를 데리고 이사를 왔다. 용화산 호랑이가 살았다는 마을에 부대가 있고, 그 부대 울타리 내부 관사에서 함께 동고동락해야 할 운명체가 되었다.

부대의 특성은 특수작전을 수행한다는 것이었다. 강인한 체력 단련을 연마하여 유사시 침투, 수색, 타격, 첩보수집 등 특수상황에서 신속 기동작전을 수행하는 것이다. 부대원들은 한눈에도 든든하고 씩씩해 보였다. 우수자원이어서 기본체력이 뛰어나고 강인한 정신력으로 무장되어 활기가 넘치는 모습이었다.

취임하자마자 부대 목표를 정했다. "강한 용사, 이쁨받는 군인, 칭찬받는 부대"

대대장은 지휘봉을 들고 늘 움직여야 한다. 경계지역 순찰, 훈련장, 체력단련장, 전술토의장, 작전지역 정찰, 부대원 격려 등 현장 위주로 부하들과 함께해야 한다. 불철주야 부대 임무를 고민하며 부대원과 함께 뛰는 것이 전부다.

4백여 명의 안전과 강한 전투력(체력, 전투기술, 정신력)을 책임져야 하니 한시도 방심할 수가 없다. 책임은 무겁지만 마음은 항상 보람, 그리고 즐거움으로 가득 차 있었다.

야외에서 장거리 행군 중에 중령으로 진급하여 계급장을 달았다. 동계 천리행군을 출발해서 광덕산 – 화악산 – 삼악산 – 오봉산을 경유하는 행군 중에, 군단장께서 직접 화악산으로 나오셔서 신고를 받고 어깨에 계급장을 달아 주셨던 장면을 잊을 수가 없다.

특공부대장이라 특별히 수고해 주신 것으로 생각되면서 어깨가 더욱 무거웠다.

대대장 근무 1년이 지날 무렵, 내가 맡고 있는 대대에 부대 재창설 명령이 떨어졌다. 현재부대를 새로운 부대로 재편성하는 것이었다. 적에 대한 야전첩보를 전문적으로 수집하는 부대를 창설할 목적으로 우리 부대가 지정되었다.

창설 준비를 거쳐 군단의 새로운 직할부대로 임명을 받았다. 유사시 적 상황을 파악하고 첩보를 수집하는 기술을 연마하기 위하여 정찰훈련, 적 지역 연구, 생존술, 첩보전송 등을 연구하고 전 부대원의 정찰 요원화를 위해 피땀 흘려 함께 뛰었던 기억이 생생하게 떠오른다. 새로운 조직을 강한 전투부대로 만들어 가야 하는 창설부대의 리더로서 드높은 사명감과 독자적인 창의성이 요구되었다.

상급부대 명령에 의해서 현 부대를 해체하고 부대임무를 재분석, 부대목표 설정, 이에 따른 추정과업을 도출하여 교육훈련 소요를 도출하는 등 창설부대를 완성하기 위하여 혼신의 노력을 다하고 성공적으로 재편성을 마무리했다. 당시 어린 참모들을 데

긍정의 힘! 셀프리더십!

리고 어려운 여건에서 창설 준비를 하느라 모두가 대단한 수고를 했고, 부대 스스로 거의 모든 것을 해결해야 했다. 창설된 이후에는 상급부대의 과분한 격려를 받기도 했다. 부대를 해산하는 과정과 새로운 임무의 부대를 창설하는 체험을 통해 불미스러운 마찰 없이 조직의 틀을 새로 만들었다는 자부심이 지금도 자랑스럽게 생각난다.

새로운 조직의 부대를 만들고 나서 강한 훈련을 이어 갔고, 중대단위 독단 야외훈련을 통해서 소부대 지휘자의 독립적 창의력을 강화하였다. 권한을 위임해 주고 각종 경연대회 포상으로 동기를 부여했더니 부대 단결과 장병들의 자긍심이 크게 향상되었다. 군단 축구대회에서 우리보다 훨씬 규모가 큰 ○○여단을 이겨서 승리하기도 했다.

본인이 경험했던 부대관리 체험을 어느 기관에 발표한 바 있는데, 참고 사례로 별지에 제시해 본다.[첨부1]

오음리 용화산에서 어느덧 대대장 임기 28개월을 마치고, 한 울타리 안에서 고락을 함께하며 정들었던 장병들과 이별을 하게 되었다.[이임사 첨부2]

군단사령부 교육과장으로 이동한다. 우리 아이들도 용화산 자락 시골 흙바닥에서 많이 커서 춘천으로 이사를 간다. 도시 근교로 나가니 그렇게 좋아할 수가 없었다.

대대장 경험사례 발표

| 개요

부대 순찰을 효과적으로 실시함으로써 환경개선, 사고예방, 간부교육에 좋은 영향을 미쳐 부대 단결과 전투력 강화에 기여한 내용임.

| 내용

대대장 28개월 동안 무사고 부대를 유지하면서 부대 단결을 고취할 수 있었던 근무 경험의 한 단면을 소개하고자 한다. 부대의 성패는 지휘관을 중심으로 한 인화에 달려 있으므로 인화를 위해서 무사고, 강인한 교육훈련, 부대 단결이 지속적으로 유지되어야 성공적인 전투력 발휘가 가능하다.

따라서 본인은 여러 가지 방법 중에, 효과적인 지휘관 순찰을 통해 부대 일체감을 조성하기로 마음을 먹었다. 독립대대의 위병소 근처 영내관사에서 살고 있었으므로 지휘관의 하루생활 모습은 어항 속의 붕어나 다름없었다.

새벽 05:30분에 기상해서 관사에 불을 켠 후, 부대 중앙도로를 따라 뒷산에 올라갔다가 생수를 한 컵 마시고 부대에 들어오면 06:10분 전후 아침점호 시간이었으므로, 간접적으로 멀리서 점호상태를 점검하고 빈 내무반에 들어가 본다. 환자, 전역대기자, 기타 열외자를 발견할 수 있으며 아침점호 열외자는 중요한 관심사병으로 염두에 둘 수 있었고, 아침점호는 내무생활 전체의 축소판이므로 지휘관에게 부대 진단을 가능하게 했다.

그리고 취사장에 들러 조식준비 상태를 확인하고 맛을 보면서 격려 겸 급양 감독을 실시한 후, 걸어서 출근을 실시한다.

거의 매일 순찰을 통해서 부대가 깨끗해지고 병사들의 음성적 집합행위와 가혹행위를 예방할 수 있었으며, 초소 및 막사 주변의 취약요소를 제거할 수 있었다. 부하들에게 부담을 주지 않으면서 자주 접촉하고 타이르면서 어두운 면을 밝게 함으로써 감시가 아닌 보살핌의 지휘관으로 인식되어졌다. 독신자 숙소를 가끔 들러서 고충을 듣기도 하고, 간부식당 운용도 독신 간부들이 자율적으로 운용토록 했더니 외식의 빈도도 줄었다. 이와 같이 주요 간부가 늘 현장에 함께하고 있음을 보여줌으로써 병사들에게는 안도감을, 중간간부들에게는 솔선수범이 될 수 있었으며, 간부들의 자상한 보살핌과 강한 교육훈련을 통해 무사고 부대, 사기가 충천한 부대를 유지할 수 있었다고 본다.

결론적으로 '예쁨받는 군인, 칭찬받는 부대가 되자' 라는 부대 구호와 함께 항재전장(恒在戰場)식 강한 훈련과 지휘관의 능동적 부단한 순찰을 통해 튼튼한 부대 관리에 큰 도움이 되었다고 생각한다.

대대장 이임사

대대장병 여러분!

나는 이제 여러분과 석별의 정을 나누는 아쉬운 자리에 섰습니다. 지난 2년을 돌이켜 볼 때 우리는 여러 즐거움이 있었는가 하면 적지 않은 난관과 역경이 있었다고 봅니다. 지금의 정찰대대를 창설하기 위해 정들었던 특공4대대 전우들과 뼈아픈 이별을 겪어야 했고, 정찰요원을 재편성한 후 현 위치에서 특수부대로 창설식을 엄숙히 거행한 바 있습니다.

그 이후로 여러분과 나는 각고의 노력을 다짐했고, '하면 된다, 끈끈하게 뭉치자'는 대대훈을 내걸고 지금까지 뼈저린 훈련을 쌓아 온 결과, 이제는 임무수행 면에서 어떤 임무를 부여받더라도, 어디를 가라고 하더라도 주저함 없이 정찰요원으로서 작전에 기여하는 전문 인간정보 역할이 완성되었다고 생각되는 바입니다.

돌이켜 보면, 군단 어느 지역을 누비지 않은 곳이 없고 숙영텐트도 휴대하지 않고 은거, 가숙활동으로 찬이슬을 맞으며 첩보수집 기술을 체득하였지요. 불비한 여건을 무릅쓰고 여러분의 창의적 아이디어로 개발한 생존수단, 무성무기, 가장술, 용화무

술 등은 참으로 획기적인 성과를 달성했다고 자부합니다.

　이러한 성과는 여러분의 땀과 능동적인 열정으로 얻어진 결정이며, 공수낙하 및 장거리 정찰 등 어려운 난관도 잘 극복하여 왔습니다.
　그간의 헌신적이고 충정 어린 여러분의 노고에 따뜻한 감사의 마음을 전하면서, 용화산 기슭에서 만난 우리의 인연과, 부대는 곧 심신단련 도장이라는 마음가짐으로 앞으로도 똘똘 뭉쳐서 칭찬받는 부대의 전통을 이어 가길 기대합니다.

　그동안 여러분과 더불어 정들었던 발자취를 가슴깊이 간직한 채, 아쉽지만 기쁜 마음으로 여러분의 곁을 떠날까 합니다. 용화산 대대의 무궁한 발전과 여러분 가정에 하느님의 은총이 함께하길 기원합니다. 안녕히 계십시오.

계룡대에 입성, ˙

˙ 진급에 낙방

˙

춘천 소양댐 근교 부대에서 20개월간 군단사령부 맡은 소임을 완수하고 대전 근교의 계룡대로 옮겨 왔다. 전방 수색소대장에서 육군본부 계룡대에 오기까지 15년 세월이 지났다.

우리 아이들도 강원도에서 4년 동안 유아기, 어린 시절을 보내고 민형이는 초등학교 4학년, 민우는 유치원생이 되었다. 군 관사 아파트는 단지도 크고 학교도 가까워서, 처음으로 도시 문화의 맛을 느끼는 아이들에게 큰 선물인 듯했다.

계룡대는 1987년 용산에서 이곳 계룡시(당시에는 논산군 신도안면 남선리)로 이전하였으며, 육·해·공군 본부가 함께 근무하는 군사 지휘 본부이다.

계룡산의 정기를 이어받아 강군 육성의 중심지로 다시 태어난 곳이고, 대전광역시와 인접하여 군인 가족들에게는 편리한 거주

긍정의 힘! 셀프리더십!

지가 되고 있다.

육군본부 작전 참모부로 전입하여 수행하는 직책은 육군 전체의 작전분야 정책업무를 담당하는 실무 장교이다. 지금까지 걸어온 야전 실무 경험을 뒤돌아보면서 육군의 미래전력 창출에 보탬이 되는 작전지원 분야에 대해 최선을 다해서 직책을 수행하였다.

처음으로 경험하는 군사정책 부서에서 육군의 청사진과 흐름을 이해할 수 있었고, 행정 업무수행 절차를 많이 배울 수 있는 기회였다. 질 좋은 근무성과를 만들기 위해 밤낮 긴장의 연속이었다. 작전 총괄실무직을 수행할 때는 과로를 이기지 못해 쓰러지기도 했다.

그러던 어느 날 허리통증 악화로 도저히 정상업무가 어려운 상태에 직면했다. 전방에서부터 누적된 피로로 질병이 악화된 듯싶었다. 상급자께서 선처해 주신 덕분에 병원에 입원하여 수술 치료를 받게 되었다. 움직일 수 없는 상황에서 그 당시로서는 어쩔 수 없는 선택이었다.

자칫하면 더 이상 활동이 어려울 수도 있었지만 다행히 치료가 잘되었고 회복도 빨라 근무에 복귀할 수 있었다. 갑작스러운 질병이었는데 부하의 처지를 잘 선처해 주신 윗분들에게 지금도 고마운 마음을 금할 수 없다. 그래서 더 열심히 근무했고 인정받기 위해서 최선을 다했다.

계룡대 근무 3년이 만료되어 다른 부대로 또 옮겨 가야 할 상황이 도래하였다.

이번에는 경상도 경산지역 부대로 명령을 받았다. 지금까지는 다음 부대로 이동할 때마다 새로운 각오와 힘찬 기운이 솟았는데, 이번만큼은 이동명령을 받고나서 쓸쓸하면서 기운이 빠진 본인의 초라한 모습을 느끼지 않을 수 없었다. 진급이 낙방되었기 때문이다.

화천·춘천 지역 근무에서 많은 칭찬을 받았고, 계룡대에서도 중요 보직에서 최선을 다했는데 진급의 기회에서 두 번 연속 낙방되었으니 어찌할까……. 쓸쓸한 뒷맛은 곧 실망감뿐이었다.

육사를 졸업한 후 처음으로 두 번 연거푸 진급 실패의 고배를 마셨으니 무엇을 탓하고 싶지 않았겠는가. 허탈함, 상대적 열등감, 자괴감 등 속상한 마음을 스스로 정리하면서, 자업자득(自業自得)이라 받아들이고, 불평하지 않기로 마음을 먹었다. 긍정적 사고로 다시 힘을 내야겠다고 생각했다.

이순신 장군의 어록 중에 이런 말이 생각났다.

"윗사람이 알아주지 않는다고 불만을 갖지말라.

나는 끊임없이 임금의 오해와 의심으로 모든 공을 뺏긴 채 옥살이를 해야 했다.

좋은 직위가 아니라고 불평하지 말라.

나는 14년동안 변방 오지의 말단수비장교로 돌았다."

긍정의 힘! 셀프리더십!

'진인사대천명(盡人事待天命)'이라 했지 않은가.

묵묵히 식구들과 함께 이삿짐 차를 타고 남으로 향해야 했다. 아내와 두 아이들은 무슨 생각을 했을까. 미안하고 불편한 마음이었지만 서로를 위로하면서 새로운 희망을 생각하기로 했다. 긍정의 힘은 믿음과 희망에서 나온다고 했다.

지나간 것에 집착하지 말고, 새로운 비전을 만들어야 한다고 생각! 생각! 생각!

그때의 쓴맛 체험이 나의 인생 고비였다. 쓴맛을 내뱉지 않고 잘 소화시켰던 그 당시 상황이, 지금 생각하니 전화위복(轉禍爲福)이 되었다고 스스로 자평해 본다.

또다시 특공부대원이 되어 ·

· 사전오기(四顚五起)

·

따뜻한 봄날 사과나무 꽃, 복숭아 꽃 사이로 언덕길을 돌아 올라가니 하양읍 무학산 자락에 깔끔하게 정리된 부대 정문이 맞이해 주었다. 또다시 특공부대구나!

부대 주변이 과수원에 둘러싸여 있고 팔공산과 연결되어 아름다운 환경 속으로 빠져든 느낌이었다. 새로운 각오를 다지기에 충분했고, 이곳이 심기일전할 수 있는 심신수련의 부대가 될 것이라 확신하였다. 이 부대의 임무는 후방지역 기동타격, 어떤 특수작전이라도 수행할 수 있도록 끊임없이 교육훈련에 전념하는 것이다.

부대장님을 보좌하는 주무참모로서 오직 부대임무에만 진력하기로 마음먹었다. 지방의 예하부대로 내려왔지만 초연한 마음으로 그 어느 때보다 부대 업무에 충실하였다.

긍정의 힘! 셀프리더십!

큰아이 민형이는 하양 중학교 1학년에, 민우는 하양 초등학교 2학년에 전학하여 경상도 지역에서도 어렵지만 잘 적응해 줘서 그나마 다행이었다.

진급이 누락되고 이곳 말단 부대에 와 있다고 하지만 나의 복무 자세와 가치관은 변할 수 없었다. 육사 졸업 후 소위에 임관하면서 나의 꿈은 '칭찬받고 인정받는 장교'가 되는 것이었다. 소박한 꿈이지만 인정받고 신뢰를 얻기 위해서 끊임없이 변화하고 새로운 부대 역사를 만들어 가야 한다는 사명감이 식어서는 안 되었다.

이곳 부대에서도 소신껏 주인의식을 갖고 최선을 다하는 모습을 지켰다. 진급에 매달려 아등바등 살지는 않겠다는 신념을 견지했다.

이런 말이 생각났다. "빨리 가기를 원하면 혼자 가고 멀리 가기를 원하면 함께 천천히 가라"

지휘관을 잘 보좌하면서 즐거운 마음으로 소신껏 근무에 열중했고 운동도 더 열심히 했다.

봄, 여름을 바쁘게 보내고 어느덧 수확의 계절 가을이 왔다.

속담에 "하늘은 스스로 돕는 자를 돕는다"는 말처럼 좋은 소식이 왔다.

진급통지가 날아온 것이다. 두 번의 고배를 마시고 합격한 것이라 무척이나 기뻤다. 묵묵히 앞만 보고 성실히 근무해 온 성과라고 생각할 수 있겠지만 그보다는 하느님의 은총에 의한 선물이었으리라. 참으로 감사함을 느꼈다. 긍정에너지에 의한 결과라고 믿는다.

사관학교 4학년 때 나의 방에 늘 부착해 놓은 4자성어가 있었다. '대기만성(大器晩成)'. 이 글은 노자(老子)에 나오는 말이다. 큰 그릇은 늦게 이루어진다. 큰 사람이 되기 위해서는 많은 노력과 시간이 필요함을 표현한 말이라고 생각해 왔다.

몸도 아팠고 진급도 연이어 누락했지만 좌절하지 않고 더 노력하는 자세로 기다린 것이 큰 선물로 보답을 받은 것 같아, "뿌린 만큼 거둔다"는 옛말을 상기해 본다. 1차로 빠른 진급을 하는 경우보다 더 값진 기쁨일 것이라 생각한다. 불평 없이 잘 따르고 내조해 준 식구들에게도 큰 선물이 되었다.

긍정의 힘! 셀프리더십!

국방대학교에 ·

· 입교

·

　하양 특공부대에서 1년간 소임을 완수하고 부대를 또 옮겨야
했다. 재충전을 위해 국방대학원을 지원했다. 수색에 있는 국방
대학교 안전보장 대학원 안보과정 코스 1년 과정이다. 이 과정
은 민·관·군 고급 간부들에게 국가안보에 대한 교육과 연구를
통해 국정관리 능력을 배양하는 과정이다.

　이삿짐을 싸서 이동했다. 이번에는 야전부대가 아닌 학교관사
로 이전을 하니 식구들이 좋아했다. 민형이는 중학교 2학년, 민
우는 초교 4학년으로 전학해서 1년을 보내게 된다.

　수색에서의 1년은 지난 군 생활 동안 좁은 세계만을 바라보다
가 오랜만에 피교육생으로서 안보리더십과 통찰력을 키울 수 있
는 좋은 기회였다. 국방대학교의 질 좋은 강의와 독서를 통해 국
정과제와 국방 전략개념을 이해하고 위기관리 및 리더십에 대한

학습을 통해 큰 안목을 갖게 해 준 유익한 기간이었다. 기간 중에 외국의 국방 분야(러시아, 프랑스, 스위스)를 시찰할 수 있는 기회도 가졌고, 학교생활 중 폭넓은 대인관계에도 많은 도움이 되어서 차후 근무에서 좀 더 자신감 있는 활력소가 될 것이라는 느낌을 갖고 교육을 마치게 되었다.

다음 근무지는 어디일까? 아이들이 먼저 궁금해했다. 담양에 있는 특전부대로 명령을 받았다. 아이들이 경상도 1년 거쳐, 서울에 1년 있었는데 또 전라도로 이사 간다? 이것은 무리였다. 군인가족들만의 애환이었다. 안 되겠다 싶어 나만 담양으로 가고, 식구들은 2년 전에 있었던 계룡으로 다시 가는 것으로 결정했다. 나는 또다시 특수부대로 옮기게 되고, 식구들과는 처음으로 떨어져 근무해야 했다.

나의 고향 근처라서 낯설지 않는 곳이기에 편안한 마음이지만 여단의 참모장으로 보직되는 것이라 무거운 책임감과 기대를 갖고 부대에 도착하였다. 부대 별명이 황금 박쥐부대!

담양의 추월산과 무등산 사이에 위치하면서 남도지방의 든든한 기동타격 부대이다. 전방에서 볼 수 없는 대나무가 부대 울타리를 감싸고, 감나무가 많이 보이는 것이, 남쪽지방의 기운을 바로 느낄 수 있었다. 베레모를 쓰고 공수 특전요원이 되었으니, 함께 뛰면서 부대서열 2인자답게 부대발전의 핵심간부가 되기로 다짐했다.

매일 아침 한 시간은 전 장병이 부대 울타리 주변 극기로(克己路) 3km를 뛴다. 공수부대의 함성과 패기 속에서 시간 가는 줄 모르고 4계절을 보냈다. 상급 사령부에서 실시하는 연말 부대측정 결과, 교육훈련과 부대관리 분야 우수부대로 뽑혀서 개인적으로는 대통령 표창을 받는 영광을 맛보았다.

1980년 광주 민주화운동 당시, 시민과 진압군의 충돌과정에서 빚어진 공수부대에 대한 악감정이 이제는 많이 회복되어 군민관계가 우호적인 모습을 보여 줘서 퍽이나 다행이라고 생각되었다. 담양 군수와 여단 간부들의 친교행사도 수시로 있었고, 대민지원도 적극적으로 앞장섬으로써 군민들로부터 환영받는 부대모습을 가질 수 있어서 마음이 뿌듯하였다.

연말에는 도지사로부터 감사장을 받기도 했다. 순천시의 주암호(1992년에 축조된 인공호수·생활용수 공급) 주변 환경정리와 대민지원에 대한 보답으로, 본인이 공수요원 복장으로 도청 회의실에서 감사장을 수여받은 바 있다. 광주 출신 공수부대 참모장으로서 자랑스럽고 가슴이 벅찬 느낌을 받을 수 있었다.

무등산과 추월산의 정기를 받으며 즐겁고 보람 있던 1년간의 공수여단 참모장을 마치고 다음 부대로 옮겨야 할 때가 되었다. 정들었던 부대원들과 이별을 나누고 다음 부대를 향해 짐을 챙겼다.

제5장

북한산에서
장군이 되다

리더십 패러다임을 ·

· 바꾸다

·

대령으로 진급하면 지휘관 보직으로 연대장을 수행하게 된다.

백마부대 29연대장으로 명령을 받고 경기도 일산으로 이동하였다. 연대장으로 보직되면 근무 시작 전에 1주간의 준비교육을 받는다. 육군 교육사령부에서 대부대 작전 군사교리와 부대 지휘요령에 대한 교육을 받게 되는데, 교육과정에 '리더십 프로그램 워크숍'이 포함되어 있었다.

한국 리더십센터 전문 강사가 30시간에 걸쳐 『성공하는 사람들의 7가지 습관』(저자: 스티븐 코비)을 소개하면서, 원칙 중심의 리더십을 워크숍으로 진행하였는데 너무나 마음에 와닿는 교육이었다.

교육 중점은 '개인과 조직을 성공적으로 만드는 습관들을 배양'하는 내용이다. 엄청난 변화가 일어나고 있는 세상을 살면서,

긍정의 힘! 셀프리더십!

조직을 이끌어 가는 리더가 자신의 습관과 대인관계가 부적절하다면, 조직의 성과는 기대하기 어렵다는 것을 강조하고 있다. 3일간의 주·야간 워크숍 내용에 감동을 받고 꼼꼼히 메모하였는데, 교육받은 내용으로 지휘관을 수행하면서 올바른 리더십을 위한 패러다임을 변화시키는 데 적용해보기로 마음을 먹었다.

워크숍에서 감명 받은 중점은 크게 세 가지다. 첫째는 패러다임의 변화, 둘째는 성품윤리, 셋째는 효과성의 패러다임이다.

첫째, 패러다임의 변화에서는, 우리가 상황을 변화시키기를 원한다면 우리 자신이 먼저 변해야 한다는 사실이다. 나아가 우리 자신을 효과적으로 변화시키고자 한다면, 먼저 그에 대한 우리들의 인식을 바꾸어야 한다. 우리가 세상(조직)을 어떤 렌즈를 통하여 보고 있는지를 파악해야 한다는 사실이다. 왜냐하면 이 렌즈 자체가 세상에 대한 우리의 해석을 달리하기 때문이다. 즉 패러다임의 변화이다. 일반적인 의미에서 패러다임이란 세상을 보는 방식이다. 다시 말하면 세상을 바라볼 때 시각적인 감각에서가 아니라, 지각하고 이해하고 해석하는 관점에서 바라보는 정신적 지도(地圖)라고 할 수 있다.

이러한 패러다임은 우리가 사용하는 안경과 같은 역할을 한다. 안경의 색깔이 다르면 동일한 사물을 전혀 다르게 인식하게 된다. 조직의 리더는 각 구성원들의 연령, 지식, 경험, 문화, 성격, 가치관의 차이 등으로 상이한 패러다임이 형성되고, 이것이 서로 간의 인식의 차이를 발생시킨다는 것을 알아야 한다. 따라서 한 방향 목표를 가고자 할 때 구성원들을 한 방향으로 정렬시키기 위한 솔선수범, 동기부여, 임파워링(empowering) 등이 필요하게 된다.

둘째, 성품윤리(Character Ethics)라고 부르는 인성에 대한 관심이다.

여기에는 예컨대 언행일치, 겸손, 충성, 절제, 용기, 정의, 인내, 근면, 소박함 등이 있다. 성품윤리는 진정한 성공과 행복한 삶을 성취할 수 있는 관건이다. 반면에 성격윤리는 적극적 사고방식의 각종 기법 즉 대인관계를 원활히 해 주는 대중적 이미지 기법, 태도와 행동 기술로서 이것이 성공에 더 크게 작용한다고 보는 시각도 있다. 그러나 조작적이며 기만적인 면도 있으며 자신의 목적 달성을 위해 술수, 위장, 위협적 수단 등을 동원한다고 한다.

성품윤리, 성격윤리 둘 다 사회적 패러다임이다. 성품과 성격윤리의 차이점을 이해하고, 깊은 성실성과 성품이 갖는 근본적인 강점을 가져야 신뢰와 믿음을 만들고 영구적인 성공의 바탕을 갖게 되는 셈이다. 가장 설득력 있게 의사전달이 될 수 있게 하는 것은 바로 성품이다. 성품을 중요시하는 것은 여러 원칙을 착실히 따라야 대인관계에서 좋은 결과를 얻을 수 있다는 기본 때문이다.

셋째, 효과성의 패러다임이다.

우리가 생각의 씨앗을 뿌리면 행동의 열매를 얻게 되고, 행동은 습관을, 습관은 성품을, 성품은 우리의 운명을 결정짓는다는 격언이 있다. 이처럼 습관은 개인의 성공 혹은 실패를 결정하는 데 중요한 역할을 한다. 습관은 효과성의 패러다임에 기초를 하고 있다. 이것을 생산과 생산 능력의 균형이라고 명명하고 있다 (거위와 황금알에 관한 이솝우화를 기억하면서 이해). 만일 우리가 거위를 무시하고 황금알에 초점을 맞춰서 생활해 간다면 우리는 황금알을 낳는 생산능력을 잃어버리게 될 것이다.

효과성은 생산과 생산능력이라고 부르는 두 가지 요소 사이의 균형에서 나온다. 황금알에 관심을 두는 패러다임은 다른 사람들의 마음과 가슴속에 있는 강력한 에너지를 끌어낼 수가 없을 것이다. 생산·생산능력의 균형유지, 즉 황금알(생산)과 거위의 건강과 행복(생산능력) 간에 균형을 유지하는 것이야말로 효과성의 본질이라고 할 수 있다. 효과성의 본질을 이해하고 자기 자신의 마음의 문을 열기로 작정했을 때, 좋은습관 길들이기 효과(생산능력)를 기대할 수 있다.

좋은 습관을 길들이기는 우선 나 자신의 변화로 개인의 승리를 이룬다음에 대인관계 영향력에서 존중과 배려, 다양성 존중으로 시너지를 끌어내는 것이라고 믿는다. 새로운 습관을 길들이면 행복과 신뢰를 바탕으로 인간관계를 가능케 할 것이며, 조직의 성과를 창출할 것이다.

「기초와 기본에 충실」·

· 캠페인

·

1998년 12월 하순, 기대했던 백마사단의 황금박쥐 부대장에 취임하였다. 백마사단은 6·25전쟁 발발 직후인 1950년 10월에 창설하여, 초창기에는 충청·전라도 지역 북한군 빨치산 토벌전에 집중되었다. 1952년에 강원도 철원군의 395고지에서 중공군 38군단과 12차례나 고지를 내주는 치열한 공방전을 벌인 끝에 승리를 거두며 명성을 떨쳤다. 그 당시 395고지는 온 산의 수목이 사라지고, 고지가 1미터나 낮아질 정도로 수많은 포격을 당했는데, 그 형상이 마치 백마가 누워 있는 것 같다 하여 이 전투를 백마고지 전투라 부르게 되었고, 9사단 역시 백마부대란 별칭을 얻게 되었다. 실전에서 한 번도 패배한 적이 없다고 하여, 이승만 대통령으로부터 상승(常勝)칭호를 받았다. 베트남 전쟁에 참전해서도 많은 전과를 거둔 바 있다.

긍정의 힘! 셀프리더십!

경기도 일산은, 부대가 창설할 당시에만 해도 허허벌판이었지만 지금은 신도시로 개발되어 주변이 살기 좋은 주거도시로 변모하였다. 내가 취임하는 부대는 일명 황금박쥐 부대로 알려져 있다. 우연하게도 지난번 부대와 별칭이 같다.

담당 책임지역은 심학산, 파주시 교하면, 곡능천, 자유로 일대를 포함하며 다양한 작전수행 임무를 갖고 있다. 작전지역에 있는 심학산(194m)은 파주시 교하읍 서남단의 한강변에 우뚝 솟은 산이다. 산 정상에서 보면 한강, 임진강 하구, 개성의 송악산까지 보일 만큼 주변 평야지대에서 꽤 높은 고지이다. 지금은 산 주변에 대규모 주택단지와 출판단지가 조성되어 있다.

연대장에 취임하여 작전지역을 돌아보았다. 일산과 금촌을 경유하는 교통량이 많고, 한강과 자유로가 놓여 있으며 북한과 지근거리이므로, 경계작전의 책임이 대단히 막중함을 느꼈다. 과거에 수많은 적들이 침투한 전례가 있었으므로 완벽한 경계가 요구되어 어깨가 무거웠다.

식구들은 지난 1년간 떨어져 있다가, 이번에는 부대관사에서 함께 살기 위해서 이사를 왔다. 근처에 있는 학교와 통학거리가 멀지 않아서 한편으로 다행이었다. 민형이가 고교 1년으로, 민우는 초교 5학년으로 전학하였다. 민형이는 중학교를 세 번, 민우는 초등학교를 다섯 번째 옮기게 되었으니 마음이 오죽 아팠을까 싶었다. 그래도 잘 적응해 줘서 고마운 아이들이다. 비교적 도시지역 근교라서 가족과 동거하는 여건이 되었으니, 한편으로는 안정적으로 근무할 수 있게 되어서 감사한 일이었다.

역사와 전통이 있는 부대에 취임했으니 후회 없는 헌신적인 근무를 다짐했다.

부임 전 교육에서 배운 리더십 프로그램 내용을 꾸준히 실천해 보고자 요약했던 노트를 근무책상에 올려놓고, 좋은 습관을 길들이는 핵심가치로 주도성, 목표, 소중한 것, 승승, 경청, 시너지, 심신단련 항목을 기억하면서 패러다임 전환, 성품, 효과성이라는 것을 잊지 않겠다고 마음에 정리를 했다.

우선 가장 중요한 것은 리더의 솔선수범과 간부교육으로 신뢰 풍토를 조성하는 것이다.

지휘관실 앞에 '기초와 기본에 충실하자'는 표어 간판을 세워 놓고, 간부들의 근무자세를 스스로 점검해 보고 문제점을 파헤쳐서 신뢰받는 간부가 되기 위하여 소소한 것부터 실행해 보기로 참모들과 마음을 모았다.[첨부1]

긍정의 힘! 셀프리더십!

기초적이고 기본적인 데 충실하자

(9사단 연대장 재임 시)

┃ 무엇이 문제인가?

- 간부들의 무사안일한 근무자세 (적당주의, 정성 부족)
- 초급 간부들의 미숙한 업무처리 (피동적, 솔선수범 부족)
- 잘못된 관행과 악습 잔존 (독버섯, 잡초)

  * 구타, 비인격적 대우, 내무 부조리, 규정 미준수

┃ 존경과 신뢰받는 간부가 되자!

- 주인의식, 책임의식, 문제의식을 갖고 솔선수범
- 자기업무에 능통하여 상관에게 인정받고 부하에게 존경받는다.
- 말보다는 구석구석 발로 뛰는 현장 확인 (정성을 쏟자)

┃ 잘못된 관행과 악습을 척결하자!

- 구타, 가혹행위
- 경계근무 태만
- 하급자에 대한 무성의, 무관심

⇒ 함께 고민, 하급자를 진심으로 사랑

• 병사 상호 간 5대 금지사항

* 집합, 지시, 얼차려, 군기교육, 암기 강요

| 계획된 교육훈련을 잘 준비하고 철저히 시행!

• 부대임무, 당면업무에 기초하여 실천 가능한 부대 운영계
획 수립

• 실습계획표, 위험예지 훈련, 임무확인 브리핑 후 강인하게
시행

| 사고요인 매일 사전점검 (총기, 탄약, 구타, 화재, 차량, 보안)

*이쁨받는 군인, 칭찬받는 부대

다음 내용은 지휘관 자신의 실천 다짐사항이다.

['기초와 기본' 나의 실천사항]

❶ 부하, 상관, 동료로부터 신뢰받도록 모범 보이기
❷ 외부의 자극에 대해서 신중한 반응 보이기
❸ 나의 사명에 맞는 목표를 수립하기
❹ 상황에 따라 무엇이 소중한가를 생각하기
❺ 상호이익(승-승 패러다임)을 모색하기
❻ 먼저 경청하고 이해시키기
❼ 상대와 차이점을 인정하고 시너지를 끌어내기
❽ 끊임없이 심신 단련하기(공부, 체력연마)

'변화는 내면으로부터 시작해야 한다'는 원칙 중심의 패러다임에 접근해야, 마음의 문을 열게 되고, 개인의 승리를 만들 수 있다는 가르침을 늘 마음에 새기고 지휘관 근무에 임했다.

지휘관 자신의 실천사항을 시행하면서 염두에 두었던 것은 우선 긍정적 언어를 사용하는 것부터 출발하자는 것이었다. 보고 듣고, 느낀 자극으로부터 반사적 언행을 자제하고 긍정적 반응을 보여서 책임지는 언행을 우선 실천하고 싶었다.

다음으로 연대장 자신의 사명서를 부대지향목표 및 방향으로 공유하였으며, 업무수행에서도 중요과제와 기타과제를 나누어서 핵심가치에 맞는 업무를 우선 시행토록 매일 아침 상황회의 시 조정하였다. 그리고 부대원 상호 간 먼저 베풀고 배려하면서 내 생각을 말하기 보다 상대의견을 듣는 데에 중점을 두고, 계급과 능력의 차이점을 인정하면서 함께 상호보완적 팀웍으로 부대원의 에너지를 키워 튼튼한 부대를 만들어 볼 것을 기대해 보았다.

수천 명의 부하장병들의 안전, 먹고, 자고, 입고, 훈련하고, 작전하는 현장을 주·야로 걱정하면서 지속적으로 확인해야 한다. 특히 강안(江岸)의 초소에 투입된 수백 명의 작전요원들은 밤을 새우며 무장경계를 하기 때문에 취약시간에 꼭 가 보게 된다. 대 대장은 거의 모든 날을 현장 부근에 위치하고, 연대장은 주 2~3회 이상 야간 위주로 순찰하면서 격려하고 대비상태를 점검하였다.

이렇게 해서 어느덧 20개월이 흘렀다. 불미스런 사건사고 없 이 소망했던 목표를 달성하고, 큰 보람과 성과를 거두었다고 생 각된다. 그 당시 연대장을 충성으로 잘 보좌해 준 대대장, 중대장, 참모 및 전 장병들에게 너무나 감사하게 생각한다.

인간중심, 원칙중심의 리더십과 소통에 관심을 두고 부대원들 과 생사고락을 함께하며 노력했던 과정이 한없이 기쁘고 벅찬 자부심을 느끼게 했다. 백마부대의 황금박쥐 부대 연대장 소임 완수를 영광스럽게 생각하며, 부대 장병들과 석별의 정을 나누 고 또다시 정들었던 29연대와 이별하고 다른 부대로 이동하게 된다. [이임사 첨부 2]

가끔 일산지역을 지나갈 때 고봉산 탑이 눈에 보이면, 그 당시 열정을 쏟으면서 불철주야 지역을 누볐던 활동들이 즐거운 영상으로 떠오른다.

이번에는 선봉대 사령부로 이동하라는 명령을 받았다. 가족과 떨어져서 사령부 참모장교로 근무하게 되었다. 전방 서부지역 작전을 총괄하는 지휘본부이다. 세계 최대의 야전사령부로 알려져 있다. 연대장까지 마친 고급장교이기 때문에 지금까지의 군사적 체험을 살려서 사령부의 전략·전술에 열심히 이바지해야 하겠다는 사명감을 느꼈다. 많은 장군과 다양한 병과의 전문가들 그룹에서, 군사력 건설방향에 대하여 많이 공부하고 조력할 수 있는 기회였다.

작전분야 과장직을 수행하면서 기여한 것 중 하나는 지휘통제 전산화 운용이다. 당시에 군 조직 내부 전산망 인트라넷(Intranet)이 운용 중이었는데, 정보공유 및 신속한 보고수단이었다. 휴대전화기가 막 보급되었을 때이므로 인트라넷은 첨단의 네트워크로 활용되었다. 지휘통제용 인트라넷에 웹 기능을 추가하여 좀 더 편리한 정보공유 수단으로 보완해 보자는 생각이 떠올랐다. 전산 분야 전문장교의 지원을 받아서 웹서버 기능을 확장 개선하는 시험을 해 봤다. 성공적이었다. 문자뿐만 아니라 영상, 음향, 미디어 정보를 멀티 서비스로 활용할 수 있었다. 인트라넷이 가능한 부대들하고 다양한 정보를 실시간 교환할 수 있게 되어서 큰 효과를 기대할 수 있었다.

지금은 엄청나게 발전했지만, 그 당시 수준에서는 C4I(Command, Control, Communication, Computer, Intelligence, 지휘, 통제, 통신, 컴퓨터, 정보)를 한 단계 격상시킨 지휘통제 분야의 활용 창작이었으며 큰 보람을 느꼈다.

용인사령부에서 벌써 1년을 보내고, 새로운 보직으로 이동하는 연말을 맞이하였다. 어떤 보직도 중요하지 않은 자리가 없지만, 좀 더 영향력 있는 선호 포지션을 가길 원하던 분위기여서, 나도 초조하게 새로운 보직을 기다렸는데 아무런 소식이 없었다. 무소식은 곧 무능력으로 간주되기 때문에 실망감이 크지 않을 수 없었다.

곧이어 바로 윗분으로부터 소식이 왔다. 새로운 보직이 없어서 이동이 어렵다는 것이다. 보직 때문에 섭섭한 경우를 처음 경험하는 것이라서 당황했다. 순간 서운했지만 나의 분수를 알고, 연연하지 않기로 생각하고 섭섭한 마음을 접었다. 선호보직에 대한 과욕은 순리에 맞지 않다고 판단했기 때문에 마음을 비웠다. 그런데 그다음 날 아침 사령부 참모장이신 이○○ 소장께서 직접 전화를 주셨다. 무슨 일로 직접 전화를…?

"류 대령! 내가 내일 군단장에 취임하는데 같이 가자. 작전참모로 보직하겠다"는 갑작스런 말씀을 주셨다. 군단 작전참모 보직은 예상치 못한 소중한 선물이었다.

참모장님은 나와 개인적 친분이 없었고 공(公)적인 관계일 뿐이었다. 평상시 엄격하시고 열정적인 분이셨는데 이번에 중장으로 승진하셔서 지휘관으로 영전하는 것이었다. 평소 업무처리 과정에서 나에 대한 좋은 인식이 쌓인 결과라고 생각이 들면서 그렇게 고마울 수가 없었다.

나는 "네, 감사합니다. 충성!" 하고 곧바로 짐을 쌌다. 이렇게 해서 용인사령부 근무를 마치고 다음 근무지인 관악산부대로 또 다시 이동한다.

연대장 이임사

친애하는 황금박쥐 부대 장병여러분!

오늘 본인은 명에 의해, 정들었던 여러분의 곁을 떠나게 되었습니다. 부족한 여건 속에서도 충성을 다해 준 대대장, 참모 및 장병여러분에게 이 자리를 빌려 모두의 노고에 진심으로 감사를 드립니다. 아울러 많은 성원을 아끼지 않으신 백마 부대장님과 고양 로터리클럽 회원 여러분 그리고 부대가족들에게도 거듭 감사를 드립니다.

돌이켜 보면, 지난 19개월은 많은 보람과 긍지를 안겨 준 소중한 시간이었습니다. 혹한의 겨울과 여름 무더위 속에서 강안 철책을 수없이 왕래하며, 여러분과 손목을 잡고 체온을 나누던 지난날들이 정말 빨리 지나갔습니다.

특히, 연대장이 강조한 "기초와 기본에 충실"을 위한 솔선수범과 여러분의 능동적인 팔로워십으로 불미스러운 사건없이 어느 부대보다도 튼튼한 부대로 정착되었음에, 전 장병에게 진심으로 감사와 치하의 말씀을 전하는 바입니다.

함께 땀 흘린 각종 훈련과 심학산, 곡능천 진지공사, 수해복구

작전, 전투단 훈련 등을 통해 우리 모두는 황금박쥐 부대가 감히 최정예 전투부대임을 확신하게 되었습니다. 강안부대를 교대하고 나오면 짧은 기간에 부대 정상수준을 회복하느라 고생하면서도 한마디 불평 없이 최선을 다해 준 지휘관, 참모, 장병 모두에게 대단히 고마울 따름입니다. 생사를 함께 나눈 여러분들의 끈끈한 전우애가 황금박쥐 부대의 힘이었음을 무엇보다 자랑스럽게 생각합니다.

이제 본인은 이곳을 떠나지만, 재임기간 중 여러분이 보여 주었던 헌신적인 충성을 결코 잊지 못할 것이며, 역사와 전통에 빛나는 상승 백마 황금박쥐 연대를 지휘했다는 개인적인 영광을, 일생을 두고 명예롭게 가슴속에 간직할 것입니다.

황금박쥐 연대가 앞으로도 쉼 없이 신화를 창조하여, 예쁨받는 군인, 칭찬받는 부대가 되어줄 것을 기대하면서 석별의 인사를 나눌까 합니다.

장병여러분의 앞날에 영광과 발전 있기를 기원합니다.

감사합니다. 안녕히 계십시오.

관악산 거쳐 •

• 북한산에서 장성진급

•

관악산(632m)은 서울시 관악구와 안양시, 과천시의 경계에 있는 산이다. 한강 남쪽에 우뚝하게 솟아 있으며 뒤쪽으로 청계산, 백운산, 광교산으로 연결되는 한남정맥이 이어진다. 산 정상부에 있는 바위모습이 갓을 쓰고 있는 모습을 닮아서 관악산으로 부르고 있다.

2001년 12월, 관악산의 뒷자락에 위치한 관악산 부대 사령부로 전입을 왔다. 군단의 주무참모 중책을 맡게 되어 어깨가 무거웠다. 나를 믿고 핵심 보직을 맡겨 주신 지휘관님께 너무나 고마워서, 충성과 최선을 다해 보좌하겠다는 마음의 다짐을 했다.

군단의 책임지역이 수도권의 중서부 지역이라서 서해 – 임진강 – 한강–내륙에 걸쳐 대단히 중요한 임무를 수행한다. 주무참모의 임무는 전술작전 본부를 24시간 운용하면서 긴급한 상황

긍정의 힘! 셀프리더십!

에 대비하는 것이다.

빈틈없는 경계작전을 수행하고 긴급출동에 대비하여 교육훈
련과 부대운용을 참모가 계획하고 감독해야 한다. 2002년에는
월드컵 행사가 있어서, 성공적 행사가 되도록 군사대비 뒷받침
을 해야 하는 추가임무가 있었다. 책임지역에는 수원 경기장, 문
학 경기장 두 곳이 해당되어서 경기장 주변 수색정찰과 우발상
황 대비 군·경 합동 출동대비 훈련을 꼼꼼하게 점검해야 했었다.
인천 공항지역 군사대비 분야도 보장되어야 하므로 수시로 현장
점검하였다.

민·관·군 협력이 잘되어서 월드컵 행사는 성공적으로 마무리
되었다.

오래전부터 군단 주무참모는 고급간부의 주요보직이라 생각
해 왔는데, 역시 많이 고민하고 뛰면서 바쁘게 보낸 1년이었다.
군단장님의 명확한 지침, 정직하고 꾸밈없는 보살핌으로 많이
배웠고, 소신껏 일할 수 있도록 배려해 주셔서 지금도 그 고마움
을 잊을 수 없다. 지금은 고인이 되셨는데 하늘나라에서 편히 쉬
시길 기원한다.

후배에게 현 보직을 인계하겠다고 지휘관에게 건의를 드린 후
아쉽지만 다음 근무부대를 향하여 또 이별을 해야 할 시기가 되
었다.

이번에는 재경지역에 있는 북한산 부대장으로 이동명령을 받았다. 과거 소령 시절에 서오릉에서 근무했던 향토사단이다. 사단의 위치가 북한산으로 새롭게 옮겨 있었다. 서울시 강북지역 일부를 담당하는 부대의 지휘관으로 임명받았다. 서울시 향토방위 작전 지역은 중요시설이 집중되어 있고, 인구 과밀 지역이므로 경험이 많은 고급간부를 지휘관으로 임명한다.

이곳 연대장의 임무는 예비군 자원을 관리하고, 예비군을 소집해서 교육, 훈련하는 것이다.

군에서 최근에 전역한 젊은 청년들에게 예비군복을 입혀서, 전시 대비 소집점검으로 전시임무를 확인하고, 향토방위 기본훈련을 시키는 것이 주 임무이다.

지금까지 근무했던 부대와는 달리 서울시민을 대상으로 국방훈련 임무를 수행하게 된 것이 색다른 사명감으로 책임감이 무겁게 느껴졌다.

수도 서울의 광범위한 밀집인구와 수많은 중요시설을 안전하게 사수해야 한다는 사령부의 지침에 의거해서, 나름대로 결의를 다지고, 부대 임무수행을 위한 핵심과업을 다음과 같이 설정하였다.

[연대장 업무수행 중점]

◇ 결 의

- 늘 전투임무 위주로 생각하여, 어떻게 싸울 것인가를 고민하고 준비한다.
- 싸우는 방법대로 실전과 같이 훈련한다.
- 끈끈하게 화합/ 단결된 부대로 육성한다.
- 싸우면 반드시 이기는 연대가 된다.

◇ 핵심 과업

- 완벽한 경계
- 평시 초동조치 태세 발전
- 전시 임무수행 절차 발전
- 예비군 자원관리 전산화
- 예비군들에게 국가관, 안보관, 선진 시민의식 고취
- 병영문화 혁신 실천에 연대장부터 솔선수범

북한산 인수봉을 바라보면서 백마부대 연대장 시절의 '리더십 패러다임'을 생각했다.

개인의 승리−대인관계의 승리−끊임없는 심신단련으로, 내면으로부터의 접근법으로 원칙 중심의 패러다임을 구축하고 심신단련을 멈추지 않겠다고 다짐했다.

부대 편성은 감편 규모이고 병력 규모는 작으나 부여된 책임은 거대하므로 간부들 각자의 역할이 매우 중요하였다. 그래서 복무결의와 핵심과제를 통해서 소중한 것을 놓치지 않으려고 실천계획을 마련하였고, 이 내용은 사령관에게도 보고해 꼭 지키겠다고 약속한 사항이다.

　이런 부대야말로 잘못된 관행으로부터 실효적 패러다임으로의 혁신이 절실히 요구되는 곳이라고 판단되었다. 간부들이 능동적으로 문제점을 찾아서, 창의적으로 해결해야 하는 주인의식이 요구되었다. 여건은 부실한데 스스로 착안해야 할 업무거리는 많을 때 간부는 1인 다역을 긍정적으로 앞장서 줘야 한다(긍정형 팔로워십). 연대장 본인부터 원칙과 효과 중심의 병영문화 혁신을 선도해 보겠다고 다짐했다. 리더의 역할 중 가장 중요한 것은 본보기(모델링)를 보이는 것이다.

　연대장 관사가 부대 울타리 안에 있다. 혼자 거주하기 때문에 훈련이 없는 날이나 일과 후에는 운동장을 뛰거나 훈련장을 오르내리면서, 지금 이 시간 무엇이 문제이고 무엇이 중요한가를 생각했다. 우선 개인의 승리를 위해서 성찰하는 시간을 자주 가졌다. 서울시의 청년 후배들을 소집해서 교육하고, 부대 장병들에게 바른 가치관을 심어 준다는 것은 나에게 큰 자부심이었다. 부대 장병은 모두가 훈련조교 역할을 수행한다. 북한산을 바라보며 예비전력 증강과 군사 및 비군사분야 대비업무에 어느새 1년이 감쪽같이 지나갔다.

이 부대에 오면서 나의 진급은 크게 기대하지 않았다. 정책부서나 대부대의 중요한 보직에서 주로 승진 가능성이 크기 때문에 그냥 최선을 다하면서 승진은 운명에 맡기는 편이었다. 그래서 초조한 기다림은 없었다는 게 솔직한 본심이었다. 그런데 웬걸? 늦가을 어느날 퇴근할 무렵 장군에 선발됐다는 연락을 받았다. 순간 믿어지지 않았다. 너무나 과분하고 감사한 선물이었다.

나에게도 이런 선물이 배달되는구나! 내가 잘해서라기보다 도와주신 많은 분들의 도움으로 영광을 차지한 것으로 생각한다. 임관 이후에 겪어 왔던 전체 군 생활에 대한 평가이므로 그동안 근무실적과 품행, 군 발전에 기여한 공로 등을 종합하여 선발하였을 것으로 생각되지만, 그래도 놀랄만한 영광이었다. 긍정적인 사고로 소박하게 살아오면서 묵묵히 맡은 바 임무에만 충실했던 긍정의 에너지가 아름다운 꽃으로 피워진 것인가 싶었다. 장성 진급은 내 인생에서 세 번째 성공인 셈이다.

하느님께 감사드리고, 상급 지휘관과 부하 장병들 덕분이었다고 말할 수 있다.

가족에게도 전화했다. 기쁘고 고맙다고……

: 계룡대에서 진급신고

: 산악군단 참모장에 보직

: 산악군단에서 간부리더십 계발

제6장

강원도 방태산
참모장이 되다

계룡대에서 .

· 진급신고

·

2004년 1월 1일, 육군본부에서 장군으로 진급신고를 한다. 신고를 위해 부부동반으로 북한산에서 계룡대로 내려가는데, 지나온 과거가 영화 필름처럼 스쳐 지나갔다.

남쪽 시골에서 어린 시절을 보내고, 서울 태릉에서 청년 사관생도 시절을 보내고, 전방에서 육군 초급장교 시절을 보낸 후, 무등산 – 진해 – 서오릉 – 화천 – 춘천을 거쳐 계룡대 – 국방대 – 담양 – 심학산 – 용인 – 관악산 – 북한산을 거쳐 오늘 장군에 진급한다.

서울 경기, 강원, 경상, 전라, 충청 등 각 지방을 거치면서 식구와 함께 앞만 보고 달려왔다. 길고 어두운 길을 무사히 잘 빠져나와, 오늘 환한 등불을 선물로 받는다고 생각하니 꿈같은 현실이다. 건강한 모습만으로도 선물인데 과분한 은혜를 받게 돼

긍정의 힘! 셀프리더십!

서 영광스럽기 그지없다. 특히 계룡대에서 근무하던 시절이 강하게 머리에 떠오른다.

3년간 근무하는 도중, 과로와 스트레스로 어쩔 수 없는 처지에서 입원치료를 하고, 또다시 격한 업무를 계속했지만 연거푸 진급에 낙방하고, 식구들과 짐을 싸서 경상도 하양으로 내려갔던 8년 전의 힘들었던 상황, 거의 절망적이었지만 그 상황을 잘 극복했기에 오늘의 영예를 갖게 됐다. 그때 서글픈 이별을 했던 계룡대에서 가족과 함께 진급신고를 위해 참석하고 보니, 죽을 고비에서 다시 살아난 기분이었다.

우측 어깨는 참모총장이, 좌측은 부인이 계급장을 달아 준다. 내조의 힘도 컸다는 의미를 잘 새겨야 했다. 진급은 기쁘게 하는 것이지만 이럴수록 겸손과 무거운 사명감을 생각하면서, 국가에 대한 더 큰 희생과 봉사를 해야 한다고 다짐했다.

진급을 신고하는 날, 오늘 가장 떠오른 것은 장군의 역할이다. 생각나는 역할은 곧 초심이므로 수첩에 적어 놓았다.

"생각과 언행에서 신뢰받아야 하고, 통찰력과 지혜로 헌신적 솔선수범이 요구된다. 도덕적 성품과 군사적 전문성을 겸비해야 한다. 고급장교로서 품위를 잃지 않도록 계속해서 공부해야 하며 마음가짐과 몸가짐에 흐트러짐이 없도록 정진해야 한다."

첫 직책에 무엇을 맡게 될지 궁금했다.

연수교육 명령을 받았다. 아직 수양이 부족하고 공부가 미흡하니 좋은 기회라고 생각했다. 3개월간 아주대학교 정보통신 대학원에서 견문을 넓히면서 IT분야를 연수하는 임무이다. 재충전하는 기간이었다.

연수교육을 마치면서 연구결과를 육군본부에 보고했던 내용의 요약이다.

제목 : 미래전 대비 IT분야 활용방향

■ 배경

| 정보화시대 전장환경의 변화

- 시스템 복합체계에 의한 정밀교전
- 네트워크 중심의 합동·통합전력 운용(신속한 지휘결심 보장)

| 선진강국 – 미래 전투체계에 맞춰 부대 재설계

| IT환경의 급진적 변화

- 의사소통 속도 – 빛의 속도
- 우리나라는 세계적 IT산업 강국

　　　　　　　　　　　　　　긍정의 힘! 셀프리더십!

■ 관심사항

| 유비쿼터스 컴퓨팅 시대 도래

| RFID(Radio Frequency Identification, 무선인식 시스템) 활용

- 소형 반도체, 식별정보, 주파수 이용 ⇨ 사물식별, 추적관리
- 군수지원 활용(생산, 유통, 저장, 분배)
- 교육훈련, 경계작전에 활용

| C4I체계 발전

| 장병 정보화 교육 시스템 보완

- 온라인 교육 확대, 전자도서관 구축, 교육 콘텐츠 제공

■ 기대효과

| 현대전의 정보환경 마인드 전환

| 저비용, 고효율의 강한 과학적 군 육성

산악군단 •

• 참모장에 보직

•

산악군단으로 명령을 받고 사령부에 처음으로 가는 길이다.

홍천읍 철정 검문소를 지나 내촌면으로 통과해 갈 때 주변의 산들이 겹겹이 둘러싸여 있어 하늘이 좁게 보였다. 상남면 오미재 고개를 넘어가자 말로만 듣던 내린천이 보였다. 내린천을 끼고 달리는 31번 국도는 강원도의 옥수수밭 사잇길 그 모습이었다. 산간지역의 소박한 동네가 정겹게 반겨 주었다. 부대에 도착하니 산악군단이라는 부대간판이 전입을 환영해 주었다.

부대 앞에는 점봉산(1,424m), 부대 우측은 방태산(1,445m)이 높이 솟아 있고, 방태산에서 내려오는 방태천과 내린천이 만나는 곳이라서 풍수가 좋은 곳이었다.

여기서 부대 참모장으로 보직되었다. 멀리 가족과 헤어져 혼자 거주하게 될 텐데 부대환경이 전혀 외롭거나 한가할 것 같지

90

않았다. 처음으로 뵙는 군단장께서 따뜻하게 손을 잡아 주셨다. 많이 듣기만 했던 그분을 여기서 뵙고 첫 인연을 맺게 된다.

지금은 서울-양양 간 고속도로가 개통되어 현리를 지나가지만 당시에는 구불구불한 2차선 국도만이 유일한 교통망이었다. 이 지역에서 가장 높은 방태산(方台山)은 한국에서 가장 큰 자연림이라 할 만큼 나무가 울창하여 골짜기와 폭포가 많아 철마다 빼어난 경관을 볼 수 있는 곳이다. 산의 모양이 주걱처럼 생겼다 하여 주억봉으로 부르기도 한다.

부대의 책임지역은 양구·인제 지역으로, 지역 내에는 대암산, 향로봉, 한석산 등의 높은 고지군과 소양호, 내린천 등의 큰 계곡이 포함되어 있다. 내린천은 양양군에서 발원하여 흐르는 계방천과 현리의 방태천이 합류하여 소양강 상류 합강까지 40여 km를 흐르는 1급수로 알려져 있다. 어름치, 열목어 등이 서식하고 물놀이 휴양을 위해 많은 야영객들이 찾는다. 이렇게 좋은 청정구역에서 근무하게 된 것에 큰 기대가 되었다. 참모장은 참모들의 역량을 모아서 대비계획을 연구하고 유사시를 대비하는 지휘소 센터장이다.

지휘관 지침을 받아서 전술작전 본부를 운용하고 직할부대의 작전지원 방법을 연구하는 것이 임무다. 직할 단위부대는 특공, 통신, 공병, 화학 등의 다양한 특기를 가진 우수자원들이 포진하고 있어서, 평상시 부대관리와 교육훈련을 지도·감독한다.

지휘관께서 합리적인 사고와 통찰력이 훌륭하시고, 근무여건이 좋아서 참모들의 시너지를 키우고 직할대의 전력을 강화하는 데 큰 어려움 없이 소기의 성과를 이루어 낼 수 있었다고 생각된다.

1년의 근무기간이 너무 빨리 지나갔다. 계절이 바뀔 때마다 계절적 풍광이 뚜렷하고, 기상변화와 기온차이가 심해서 4계절이 즐겁고 빠르게 지나지 않았나 싶다.

한 해 동안 특별히 기억에 남는 것이 있다면, 지휘관님의 큰 관심으로 간부들의 리더십계발에 관한 토의가 지속적으로 시행되었다는 점이다. 평시에 해야 하는 큰 임무 중 하나가 간부들의 자기계발이다. 리더의 역할, 비전, 팔로워십, 윤리의식 등 당시에 지휘관과 함께 공부했던 토의 줄거리(지휘통솔 소고, 2005년)를 지금까지도 잊지 않고 활용하고 있다.

산악군단에서 ·

· 간부리더십 계발

·

| 기(氣), 혼(魂), 열린 마음

지금까지 우리 군 내에는 군 창설 이후 일본군 식의 강압적이고 권위주의적인 지휘통솔 방법에 영향을 받아, 부하들을 하나의 인격체로 인정하지 않고, 무조건 지시에 따르라는 식의 리더십이 주류를 이루어 존재했다. 그러나 사회가 민주화되고 부하들의 의식성향이 바뀌면서 상호존중의 인간관계를 기본으로 하는 인간 중심 리더십이 요구되고 있다.

육군에서도 시대변화에 맞춰서 육군의 가치관을 충성, 용기, 책임, 존중, 창의로 선정하고, 이를 달성하기 위한 노력을 경주하고 있다. 이러한 발전 경과로 〈지휘통솔 교범〉에 '성공적인 지휘통솔은 부하들을 감동시켜 부여받은 임무완수에 자발적으로 전력투구할 수 있도록 하는 것'으로 정의하고 있다. 그러나 아직도 구태에서 벗어나지 못하고 권위주의적 리더십 탈피를 못하고 있는 경향이 남아 있다.

효율적인 리더십을 발휘하기 위해서는 조직원들을 감동시키는 핵심요소가 필수이다. 조직원의 기(氣)를 살리자, 혼(魂)이 깃든 열정, 열린 마음, 이 세 가지를 기본요소로 설정하고 군단의 간부들부터 패러다임을 바꿔 나가기 위한 실천을 강조했다.

기(氣)는 우리의 정신과 육체를 움직이는 긍정적 생체 에너지이므로 氣가 충만한 사람은 강한 자신감을 가지고 의욕적으로 일을 하게 된다. 부하의 기를 살리기 위해서는 첫째로 나부터 기를 살리기 위해 노력해야 한다. 긍정적 사고와 기쁜 마음, 감사하는 마음을 갖도록 노력한다.

둘째는 부하들이 할 말을 할 수 있게 해 주어야 한다. 부하의 말을 듣고 싶지 않더라도 경청해 주어야 한다. 먼저 이해시키려 덤비지 말고, 듣고 이해하고 나서 말하고 이해시켜라. 그래야 할 말을 하고 의사소통이 되며 자연히 氣는 살아난다.

셋째는 부하들이 즐거움을 찾게 해 주어야 한다. 군의 일과는 통제에 의한 의무적인 일들이 대부분이므로 하기 싫거나 짜증나는 경우가 많다. 당연히 억지로 해야 하므로 즐겁지 않다. 제설작업도 체력단련으로 알고 스스로 동참하게 유도한다든가, 훈련이나 운동도 동기를 유발시켜서 자발적으로 참여토록 하면 즐겁고 흥이 날 것이다.

넷째는 마음이 편하게 일할 수 있는 여건을 만들어 준다. 쫓기지 않고 생각할 수 있는 여유를 주는 것이다. 다섯째는 남을 배려해야 한다는 것이다. 친절한 언행으로 존중하는 마음을 표시해주는 것이다.

혼(魂)은 애정과 집념을 가지고 몰입하는 정신이다. 정성을 다해서 몸과 마음을 쏟아 붓기 위해 혼신의 힘을 다하는 상태이므로, 이를 위해서는 리더가 올바른 가치관과 신념으로 일정한 업무에 대하여 솔선수범의 본보기를 보여야 하는 것이다. 충성심과 주인의식이 투철해야 가능하다.

열린 마음(Open mind)은 마음의 문을 활짝 열어서 진정으로 상대방에게 신뢰를 보여 주는 것이다. 자기중심적 판단보다는 상대방 입장에서 이해하고 배려하는 것이다.

내가 여는 만큼 상대방도 열게 되므로, 활짝 문을 여는 것은 나의 내면을 꾸밈없이 보여 준다는 진실성, 순수성이 함께해야 한다. 내가 손해를 볼 수 있다는 낮은 자세라야 공감을 끌어낼 수 있다.

| 리더의 역할

스티븐 코비(Stephen R. Covey)는 원칙을 중심으로 한 리더

의 역할을 이렇게 요약한다. 먼저 모델 되기, 둘째는 목표 및 방향 설정, 셋째는 구성원 한 방향 정렬, 넷째는 임파워먼트 (Empowerment)이다. 리더는 리더십의 중심으로서 솔선수범하고 조직의 목표와 사명을 설정해서 신뢰를 구축하는 것이 선결 임무이다. 그리고 조직과 시스템을 목표에 맞게 조정하며 개인과 조직의 잠재력을 키워 성과를 달성한다. 위에서 제시한 역할을 참고하여 군대의 임무수행 환경에 맞는 리더의 역할을 이렇게 설정해 볼 수 있다.

- 조직을 이끌어 가는 선도자
- 조직의 모든 노력과 자원, 전투력을 극대화할 수 있는 통합자
- 조직의 기를 살려 주고 활력을 키우는 촉진자
- 막힌 곳을 뚫어 주는 감독자
- 조직의 패러다임을 바꿔 가는 변환자

선도자는 조직의 성패를 책임지는 사람으로 조직의 비전을 제시해야 한다. 실현 가능한 비전에 의해서 목표를 구체화하고, 설정된 목표를 달성하기 위한 전략과 계획을 제시해야 한다. 그리고 목표달성 방법에 대해 조직원들의 공감대를 형성하며, 모두가 협력자이며 동반자 관계가 되도록 유도해야 한다. 리더가 맨 선두에서 솔선수범으로 부하들을 선도한다면, 전 부대원은 한 방향으로 정렬되고 일사불란한 대열이 유지될 것이다.

긍정의 힘! 셀프리더십!

통합자는 조직의 자원을 산술적인 합보다 훨씬 크게 만들어야 한다. 시너지효과를 극대화하기 위해서 조직원의 마음을 하나로 뭉치게 해야 한다. 인화(人和)이다. 열린 마음으로 서로의 마음을 공유하기 위해서 모두의 다른 점과 강약점을 도출하고 이해하면서 공통점을 확대시켜 가야 한다(尊異求同, 존이구동). 통합자는 오케스트라 지휘자이다. 본인이 모든 악기를 다 연주하지 못하지만 악기의 특징을 고려해서 악보의 소절마다 필요한 악기의 효과음들을 통합해서 음악이 주는 감동을 만들어 낸다. 불협화음을 제거하고 동시통합(Synchronization)을 달성해야 감동을 기대할 수 있다. 악기소리의 통합효과는 통합자의 역할이 결정적이다.

촉진자(Facilitator)는 조직에 활력을 불어넣어 부하들이 즐거운 마음으로 일할 수 있게 분위기를 조성해 주는 사람이다. 구성원의 기를 살려 주어 조직을 활성화시키고 조직원의 동기를 유발시켜 자발적으로 업무에 종사하게 하는 동기유발자(Motivator)가 되어야 한다. 구체적인 실행 기법은 다음과 같은 방법을 적용할 수 있겠다.

- 권한을 아랫사람에게 과감하게 위임해서 업무를 분산한다.
- 조직 내 벽을 허물어야 한다.
- 문제의 핵심을 알려 줘서 불필요한 노력 낭비를 줄여야 한다.
- 주인의식을 갖게 해서 시키는 일만 하는 것이 아니고, 창의적으로 일할 수 있게 분위기를 조성한다.

동기유발 방법은 칭찬, 포상 등의 외재적 동기유발 방법과, 스스로 즐겁고 보람을 느끼게 하는 내재적 동기유발 방법이 있다. 어떤 한 가지 방법만 강조하는 것보다는 외재적, 내재적 동기유발 방법을 동시에 활용하여 조직원이 자발적으로 몰입하게 하는 요령이 효과적이다. 내재적 동기유발이 중요한 이유는 리더 자신의 기를 우선 살리고, 부하의 기를 살려 주어, 일 자체를 즐기고 신바람 나게 하므로 성과가 극대화될 것이고, 일에 대한 성취감도 느끼게 될 것이기 때문이다.

감독자(Supervisor)는 지도하고 보살펴 주고, 잘못되면 단속하는 사람이다. 모든 조직은 늘 완벽할 수가 없다. 수도 파이프에 녹이 슬면 막히거나 터지는 것처럼, 어떤 시스템도 늘 문제가 발생될 수 있다. 막힌 곳을 뚫어 주고 휘어진 곳을 바르게 펴 주는 역할이 감독자 역할이다. 감독자는 통찰력(Insight)을 가져야 한다. 안에 들어가서 들여다보는 것이다. 그래야 발생할 문제를 미리 예측하고 대비할 수 있게 된다. 또한 감독자는 개인지도(Tutor) 능력을 구비해야 한다. 개개인의 기량에 맞게 맞춤형 지도를 통하여 능력을 향상시키고, 임무를 조정하고 능력에 맞게 활용한다.

그리고 조직의 모든 성패에 대해 책임을 져야 한다. 책임을 회피하기 위한 술수는 감독자의 기본이 아니다. 하시라도 책임질 각오로 당당한 모습을 보이는 감독자가 멋진 리더이다.

변환자는 개인과 조직의 불건전하고 불합리한 습성, 구태의연한 사고방식, 관습, 악습, 부조리 등을 과감하게 탈피시키고 개인과 조직에 긍정적인 사고방식을 심어 주고 감화시켜 환경의 변화에 맞춰 패러다임을 바꾸어 주는 역할이다.

패러다임(Paradigm)은 고정관념, 사고의 틀이다. 관점, 시각, 접근방법, 틀 등과 같은 의미로 사용되고, 일반적으로 '세상, 조직 또는 인간을 보는 방식'을 말하는 용어로 널리 사용되고 있다. 우리들이 옳다고 생각하며 삶의 중심에 두고 사는 것들이 가치 우선순위가 아닌 경우가 있다면 과감하게 패러다임을 바꾸어야 한다. 동일시대를 살고 있는 우리는 서로 다른 패러다임을 가지고 있다. 연령, 지식, 경험, 문화, 성격, 가치관의 차이 등으로 서로 상이한 패러다임이 형성되고, 이것이 서로간의 인식의 차이를 발생시키는 원인이다.

진정한 리더는 과감한 패러다임 전환으로 조직 구성원에게 비전을 제시하고 고무적인 동기부여를 하며 의사결정에 적극 참여시키는 민주적 자질을 갖춘 리더이다.

결론적으로 리더는 미래를 창출하고 새로운 도전에 대한 대처능력과 해결책을 부단히 준비해야 하며, 미래의 비전을 제시하기 위해 기존의 고정관념과 편견, 낡고 부정적인 패러다임을 타파하고, 타인의 다양한 패러다임을 이해하고 존중하며, 부분보다는 전체를 볼 수 있고, 단점보다는 장점을 볼 수 있는 긍정적 패러다임을 가져야 한다.

| 비전 리더십

세계적인 베스트셀러 작가 켄 블랜차드는 『비전으로 가슴을 뛰게 하라』에서 '비전은 자신이 누구이고, 어디로 가고 있으며, 무엇이 그 여정을 인도하는지 아는 것이다'라고 말하고 있다. 그래서 비전은 우리의 정체성과도 깊은 연관이 있다.

블랜차드는 비전과 목표를 다르게 구분하여 정의하고 있다.

비전은 목적을 달성해 가는 과정에서 끊임없이 지침을 제공하는 영속적인 것이다.

일단 현재의 목표가 달성되고 나면, 비전은 미래의 행동을 위한 뚜렷한 방향을 제시하고, 새로운 목표를 설정하도록 해 준다. 하지만 비전이 없을 때는 일단 목표만 달성되고 나면 모든 게 끝나 버린다.

'자동차를 갖고 싶다' '의사가 되고 싶다' 등은 비전이 아니라 목표를 말하는 것이다. 이러한 목표를 비전으로 설정하고 살아간다면 성취감은 느끼겠지만 곧바로 허무감을 느낄 수도 있다. 이러한 목표는 그것을 성취하고 나면 또다시 새로운 목표를 수립해서 도전해야 한다. 하지만 비전은 끝없이 지속되는 영속성과 생명력을 가지고 있는 것이다. 비전에는 역사를 바꿀 수 있는 원대한 꿈도 포함되지만, 한 개인의 작은 꿈도 포함된다.

비전은 우리 각자가 원하는 성공을 성취하도록 만들어 주며,

긍정의 힘! 셀프리더십!

궁극적으로는 행복해지기 위해서 선행되는 필수요소라고 할 수 있다. 또한 우리 삶의 길잡이 역할을 하고, 잠재능력을 발휘할 수 있도록 동기를 부여해 주며, 우리의 마음에 강한 신념을 불어 넣어 주는 것이 바로 비전의 힘이다.

트럼펫의 소리가 나지 않는 사람은 비전이 없는 사람이다. 자신의 내면에서 불어 내는 비전의 소리가 트럼펫을 통해 들려야 비전을 가진 사람이다. 헬런 켈러는 "맹인으로 태어나는 것보다 더 불행한 것이 무엇이냐?"라는 질문에 "시력은 있으나 비전이 없는 것이다"라고 대답했다. 그렇다, 정말 슬픈 것은 비전 없는 리더가 조직을 끌고 가는 지도자의 자리에 있다는 것이다.

유능한 리더는 세 가지의 능력을 갖고 있다.
첫째, 인격이 훌륭하고 둘째는, 자신이 어디로 가야 할지를 알고 셋째는, 사람들이 그 길로 따라오게끔 끌어당기는 능력을 가졌다는 점이다.
비전을 가진 자는 자신과 조직원이 어디로 가야 할지를 아는 사람이기 때문에 구성원 모두가 목적과 방향을 알고 가도록 한다.
누군가에게 이런 질문을 해 본다. "당신의 조직이 추구하는 목적은? 당신 조직의 가장 중요한 과업은? 당신 조직에게 바라는 미래의 희망은 무엇입니까?"라고 물었을 때, 쉽게 대답하는 사람은 항해 목적과 방향을 알고 안정된 항해를 하는 사람이지만 그렇지 못할 경우는 불안정한 항해를 하고 있는 것이다.

성웅 이순신 장군에게는 위기의 조선을 구하겠다는 강한 비전이 있었기에 '학익진(鶴翼陣)' 전법으로 한산대첩을 이뤘고, 겨우 13척의 전선으로 왜적 133척을 대파하는 명량대첩을 이룰 수 있었다.

반기문 유엔사무총장도 어릴 적부터 세계적인 외교관이 되겠다는 비전이 있었고, 자동차계의 거장 혼다 소이치로도 세계 최고의 자동차를 생산하겠다는 비전이 있었다.

두바이의 셰이크 모아메드도 확고한 비전과 적극적인 추진력이 있었기에 오늘날과 같은 두바이를 건설하게 된 것이다.

비전이란 사전적 의미로는 상상력, 직감력, 통찰력 혹은 미래상으로 표현하지만 보편적으로 '장차 달성하고자 하는 목표와 구현방법에 대한 청사진'이라고 말할 수 있다.

비전의 수준은 조직의 안정과 희망을 좌우하므로 구성원 각자는 수준 높은 비전과 그에 걸맞은 리더를 갈망하는 것이다. 비전의 수준을 세 가지로 구분해 보면,

첫째, 리더·팔로워 모두가 비전을 전혀 볼 줄 모른다.

항해를 비교하자면 선장·선원 모두가 목적지를 모르고 항해하고 있는 상황이다.

둘째, 리더는 비전을 갖고 있지만 팔로워들은 비전을 볼 줄 모른다.

이는 선장은 목적지를 알지만 선원들은 목적지를 모르고 항해

하는 상황이다.

셋째, 리더와 팔로워 모두가 비전을 공유한다.

즉, 선장과 선원 모두가 목적지를 알고 정상 항해를 하고 있는 상황이다.

팔로워들은 리더를 만난 후에 비전을 찾고, 리더는 비전을 먼저 찾은 후에 팔로워들을 만난다. 그러므로 비전의 중심은 리더, 즉 지도자에게 있고 멀리까지 끌고 가야 하는 항해의 안내자이다.

과거 많은 위대한 사람들이 참으로 가난하고 비천한 환경에서 교육도 거의 받지 못한 채 인생을 시작했지만 성공했던 사례를 많이 볼 수 있다.

토마스 에디슨은 기차에서 신문 파는 소년이었다. 앤드류 카네기는 한 달에 4달러씩 받고 노동했으며, 존 록펠러는 주당 6달러씩 받고 일했다. 에이브러햄 링컨은 통나무집에서 태어났다. 베토벤은 토마스 에디슨과 마찬가지로 듣지를 못했다. 플라톤은 꼽추였고, 율리우스 카이사르는 간질병 환자였다. 위대한 사람들이 어떻게 장애를 극복하고 성공할 수 있었을까? 그들에게는 비전이 있었다.

나폴레온 힐(Napoleon Hill)은 이렇게 말했다. "당신의 비전과 꿈을 키우시오. 그것들은 당신의 영혼이 낳은 자녀이기 때문이오. 또한 당신의 긍정적인 목표가 이루어지는 청사진이오."

비전이 미래의 청사진이라고 한다면, 리더십은 그 비전을 이루는 힘이요 열쇠라고 할 수 있으며, 구성원 개개인의 자질과 능력을 최대한 발휘토록 해서 희대의 결집된 에너지를 끌어내는 것이 리더의 역할이고 비전 리더십이다. 리더는 올바른 비전과 이를 실현하기 위한 목표, 기대되는 효과를 분명히 제시하면서 명확한 임무를 부여함으로써 부하들의 공감과 동참을 이끌어 내야 한다. 비전 리더십은 구성원들의 자발적인 헌신을 유도하여 아름다운 목표달성을 만들어 낸다.

| 팔로워십(Followership)

Good Follower는 곧 Good Leader이다. 우리 모두는 팔로워이면서 리더이다. 조직 발전을 위해 건설적인 비판과 대안을 제시하는 능동적이고 적극적인 팔로워십을 스스로 배양해야 한다. 그러기 위해서는 주인의식을 가지고 능동적으로 일하면서, 조직 중심으로 사고해야 한다. 조직을 위하는 진정한 마음으로 상급자에게 논리적인 대안까지 함께 제시할 수 있는 부하가 되어야 한다. 우리가 아무리 높은 지위에 있더라도 올바른 팔로워십을 견지해야 올바른 리더십도 발휘할 수 있다.

아울러 조직의 리더십 문화 혁신효과를 극대화하기 위해서는 구성원들 상호간에 서로 밀고 당겨 주는 팀워크와 공동체의식을 강화하는 풍토를 조성해야 한다.

긍정의 힘! 셀프리더십!

최근 가정과 사회에서는 팀워크와 공동체의식에 대한 교육이 부족하다. 그렇기 때문에 입대 장병들은 자기중심적인 개인주의 성향이 나타나고, 조직 내에서 팀워크 발휘가 제한될 뿐만 아니라, 단체생활 간 부적응 현상이 증가하고 있다.

이러한 신세대 젊은이들에게는 공동체의식이 무엇보다 필요하다. 공동체의식이 부족한 조직은 구성원들이 자기중심적이며, 피동적으로 사고하고 행동함으로써 부여된 임무를 효과적으로 추진할 수 없다. 그러나 구성원 모두가 공동체의식을 가지고 '上下同欲者勝(상하동욕자승)'의 자세로, 같은 꿈을 꾼다면 그 꿈은 바로 현실이 될 수 있을 것이다.

리더와 팔로워들의 관계는 상명하복으로만 형성된 것이 아니라 상호작용 관계이다. 1988년 켈리(Kelly)가 제시한 팔로워들의 특징을 보면, 최고의 팔로워는 솔선수범하고 주인의식을 가지며, 적극적으로 참여하고 자발적이며 맡은 일 이상을 한다. 최악의 팔로워는 수동적이고 게으르며, 늘 재촉과 감독을 받아야 되고 책임을 회피한다.

다음과 같이 5가지 팔로워십 유형을 설정한다.

- 소외형 팔로워는 독립적이고, 비판적인 사고는 견지하고 있지만 역할수행에는 그다지 적극적이지 않음. 스스로 노력하지 않고 서서히 불만스러운 경향에 치우침. 부정적인 면을 극복하고 적극적 참여가 요구됨(팔로워의 15~25%).
- 순응형 팔로워는 적극적 참여는 높이 살 만하지만, 독립적

사고는 미흡함. 리더의 권위에 순종하지만 지나치게 리더에 의존함(20~30%).

- 실무형 팔로워는 리더의 결정에 의문을 품기는 하지만 지나친 비판은 아니며 좀처럼 모험을 하지 않고 의견대립을 억제함(25~30%).
- 수동형 팔로워는 모범형 팔로워와 정반대로서 업무에 열성과 책임감이 부족하고 솔선하지 않음(5~10%).
- 모범형 팔로워는 자주적이고 비판적이며 독립심, 혁신성, 독창성, 적극성이 강하며 팔로워 십의 특성을 잘 소화하며, 솔선수범하고 주인의식을 가짐(5~10%).

| 몰입

몰입(沒入)이란 사람이 어떤 활동에 깊이 빠져 있을 때 느끼는 의식 상태를 의미하며 조직 구성원 개인이 조직이 원하는 일에 대한 깊은 관심과 애착을 가지고 조직의 다양한 활동에 참여하는 개인행동 및 행태를 말한다. 몰입 상태의 개인은 자신의 능력과 강점을 가지고 매일의 작업에서 최선을 다하며, 그 결과 몰입이 낮은 조직 구성원에 비해 높은 업무성과를 보이게 된다. 전념하다, 열중하다, 골몰하다 등의 동의어가 사용되는데 우리가 몰입하게 되면 여러 긍정적인 현상들이 나타난다.

운동선수나 예술가들이 미친 듯이 활동하는 것도 몰입을 하기

긍정의 힘! 셀프리더십!

때문에 가능한 일이다. 요즘 청소년들의 경우 스마트폰이나 게임에 몰입하는 경우가 많아서 공부나 업무가 아닌 SNS에 몰입하는 부작용은 예외이다. 자기가 좋아하는 일을 할 때 몰입하게 되는데, 이때는 잡념이나 불필요한 감정이 끼어들 여지가 없는 무아지경이 되기 때문에 자아의식은 사라지지만 업무에 대한 자신감은 평소보다 커진다. 시간에 대한 감각도 한 시간이 1분처럼 금방 지나가고 자신의 몸과 마음, 느낌 등 모든 것을 투자하다 보니 자기가 한 일에 형언할 수 없을 정도의 값진 가치를 발견하게 된다. 운전이나 위험한 일을 할 때처럼 고도의 집중력을 요하는 상황에서 몰입현상이 일어난다.

집중력은 강요에 의해서라기보다 즐거운 마음으로 참여할 때 심도 있는 몰입상태가 될 수 있다. 일에 대한 난이도와 개인의 능력도 몰입에 영향을 미친다. 너무 쉬운 과제를 부여하면 대충대충 일을 하게 되어 몰입할 수 없으며, 수준이 낮은 사람에게 너무 어려운 과제를 부여하면 걱정스러워서 몰입의 상태에 이르지 못한다. 부여된 과제와 업무를 수행하는 사람의 능력이 균형을 이룰 때 가장 심도 있는 몰입이 가능할 수 있다. 리더가 구성원에게 임무부여 시, 권한위임 시, 동기부여 시 몰입이 가능할 것인가를 고려해야 조직성과를 증대할 수 있다.

| 윤리의식

윤리란 사람이 사회적 관계에 있어서 사람으로서 마땅히 행하거나 지켜야 할 도리이다. 인간 공동체에서 최우선 가치이며 바람직한 행위규범이다. 우리나라는 1,300여 년 전에 원광법사가 만든 세속오계(世俗五戒)라는 훌륭한 윤리강령이 있었다. 우리가 알다시피 세속오계는 사군이충(事君以忠), 사친이효(事親以孝), 붕우유신(朋友有信), 임전무퇴(臨戰無退), 살생유택(殺生有擇)으로 군에서 최고의 가치인 충성과, 부모에 대한 효도, 전우들 간의 신뢰, 목숨까지 바치는 진정한 용기, 그리고 필요한 경우에만 폭력을 사용하고, 불필요한 살생을 하지 않는다는 것으로 그 어느 윤리강령보다도 돋보이는 내용이다.

최근에 윤리도덕에 어긋나는 사건들을 보면 절도, 횡령, 뇌물, 폭행, 성추행 등과 같은 부정부패 행위들이 계속 발생되고 있는데, 원광법사가 제창했던 세속오계와 너무 거리가 멀고 청렴윤리에 너무나 벗어난 사례들이 많다.

지나친 개인주의는 사회 또는 국가 전체의 건전한 발전을 파괴한다. 자기 혼자만의 편의를 위해 수단 방법을 가리지 않는 이기적인 태도는 군의 위신 및 대국민 신뢰의 추락뿐만이 아니라 마침내 자기 자신까지도 망치게 될 것이다. 따라서 산업화에 따른 황금만능주의를 배격하고, 성실한 삶의 태도를 준거하며 자기 직분에 최선을 다하는 건전한 직업관을 확립해야 한다. 우리

긍정의 힘! 셀프리더십!

는 정당한 대가가 아닌 소득을 배격할 수 있는 도덕적 용기를 가져야 하며, 그것이 곧 사회정의를 구현할 수 있는 길임을 명심해야 할 것이다.

도덕성이란 인간이 마땅히 지켜야 할 도리이다. 이는 공사(公私)를 분명히 구분하고 바른 일을 행하며, 사사롭고 부정한 일을 행하지 않는 자세를 뜻한다. 도덕성이 바로 서 있지 못한 간부는 부대를 지휘하거나 부하를 통솔할 수 없으며, 부하들이 신뢰하지 않는다. 부하를 통솔하기 위해서도 모두가 부끄럼 없는 떳떳한 삶을 살아야 한다. 정직하고 청렴하며 공정한 정도(正道)의 길을 걸어야 한다.

"적은 수의 군대는 많은 수의 군대를 이길 수 있지만, 부패한 군대는 건강한 군대를 이길 수 없다"라는 명언이 있다. 예로부터 부패하고 부정한 집단이 승리한 사례는 없다. 불의의 집단은 오로지 역사 속으로 사라질 뿐이다. 간부들은 부정과 부패가 총칼을 든 적보다 더 무서운 존재임을 명심해야 한다.

따라서 중요한 위치에 있는 간부에게 요구되는 윤리규범은 명예, 청렴, 정직이다.

"명예 있는 죽음은 불명예의 삶보다 낫다"(소크라테스) "군인은 명예를 먹고 산다"라는 말처럼 삶에서 명예가 얼마나 큰 가치인가를 보여 주는 말이다.

이 말은 자신의 지위나 업적에 대해 사회로부터 얻은 좋은 평판과 존경을 의미한다.

청렴은 성품이 고결하여 공사(公私)가 분명하며 탐욕이 없음을 의미한다. 청렴이 국민의식으로 뿌리내린 나라는 사회 전체가 생동감이 넘치며 상무적인 기풍 또한 높아서 발전과 번영을 가져올 수 있는 반면에, 부정부패가 만연하고 물질만능주의가 팽배한 나라는 경쟁에서 뒤처지고 낙오되어 결국 몰락의 길을 걷게 된다.

청렴도에 따라 그 집단, 그 민족의 흥망성쇠(興亡盛衰)가 결정되었던 사례는 동서고금의 역사에서 쉽게 찾아볼 수 있다.

> "청렴은 수령(守令)의 본이요, 모든 선(善)의 근원이요,
> 덕(德)의 바탕이니 청렴하지 않고서는 수령이 될 수 없다."
>
> ― 정약용 『목민심서』 중에서

정직은 거짓이나 꾸밈없이 바르고 곧은 마음을 의미한다.

반대로 정직하지 못하다는 것은 자신의 이익과 안위를 위하여 의도적으로 사실을 왜곡함을 말한다. 간부는 어떠한 경우에도 정직해야 한다. 정직하지 못한 간부는 부하로부터 신뢰를 얻을 수가 없다. 한번 신뢰가 깨지면 지휘통솔은 불가능해진다. 정직하지 못한 상인은 고객에게 금전적 손해를 준다. 공직자가 정직하지 못하면 국가의 기강이 문란해지고 국민들을 불안하게 만든다. 군인이 정직하지 못하면 무수한 인명과 재산의 손실은 물론 국가의 존립을 위태롭게 할 수 있다.

긍정의 힘! 셀프리더십!

따라서 간부들에게는 높은 도덕성과 명예, 자긍심을 토대로 자신의 임무완수를 위해 어떠한 희생도 감내하는 위국헌신(爲國獻身)의 자세가 그 어느 때보다도 절실하다. 탐욕과 안일보다는 의로움과 헌신을, 세속적 욕구보다는 진정한 명예를, 부정과 왜곡보다는 정직할 수 있는 건전한 윤리기본을 갖춰야 당당한 리더라고 할 수 있다.

그래서 윤리의식이 충실해야 임무수행과 사명감이 빛날 수 있고, 집단의 질서와 안전, 나라의 평화를 지킬 수 있다.

미국의 유명한 리처드 디 조지 교수(미 공군사관학교 철학교수)가 발표한 「직업군인의 윤리」에 의하면 장교들이 갖춰야 할 제1의 덕목은 평화애호(Peacefulness)이다. "평화를 원하거든 전쟁을 대비하라"는 말처럼, 군인은 평화를 위해 강군을 육성해야 하는 것을 고려할 때 타당성 있는 주장이다.

이러한 주장은 설득력이 있으며, 간부들의 인간중심 사고에 입각한 리더십 배양에 크게 도움이 될 것이다.

| NQ(공존지수) 함양

NQ(Network Quotient, 공존지수)는 김무곤 교수의 저서 『NQ로 살아라』에서 인용하였다. 다양한 정보를 공유하고 있는 현대사회에서, 구성원과 더불어 잘살기 위해 갖추어야 할 공존지수로서 오늘을 사는 현대인들이 반드시 구비해야 할 덕목 가운데 하나이다. 평소 조직을 단결시키고 유사시 최상의 성과를 위해 공동체 의식을 높이기 위해 적극 활용하고 있는 몇 가지 요점을 강조하고 싶다.

- **먼저 양보해야 한다.** (You First!)

- **먼저 이해해야 한다.** (Understand)

- **네가 잘되어야 내가 잘된다.** (Win-Win)

  '너 죽고 나 죽자' '너 죽고 나 살자'가 아니고 '상대가 잘되어야 나도 잘된다'는 공존의식이 조직을 강하게 만든다. 상대는 잘 협조하고 상대의 행복과 성공을 빌어 주며, 더불어 잘살아 가는 것이 상생의 중요한 가치이다.

- **이 세상에 공짜란 없다.** (No Give No Take)

  이는 인간 상호간에 신뢰를 주고받아야 한다는 것을 강조함. 내가 먼저 믿어 줄 때 그 사람도 나를 믿고 따를 것이다.

- **평소에 잘해야 한다.**

  '내가 잘되면 그때 한번 보자'라는 말은 앞뒤가 바뀐 생각이다. 사소한 것부터 상대방을 배려하는 마음자세가 나중에 한 턱 내는 것보다 더 중요하다.

- **내가 먼저 연락하는 것을 생활화하라.**

  연락을 기다리지만 말고 상·하 관계를 떠나서, 내가 먼저 전화를 함으로써 격의 없는 대화로 신뢰를 향상시킨다.

- **남의 얘기를 귀담아 듣는다.**

  들어주기가 어렵더라도 경청해 주면 상대는 나의 편에 서게 될 것이다.

　　　　　　　　　　　　　　긍정의 힘! 셀프리더십!

- **앞에서 지적하고 뒤에서 칭찬하라.**

  뒤에서 칭찬하면 신뢰 효과가 두 배로 커진다.

| 헌신

조직의 사회적 책임은 헌신적인 자세가 겸비될 때 빛난다. 그러나 진정한 헌신을 위한 노력은 세월이 흐름에 따라 희미해져 가는 경향을 보인다. 오늘날 조직의 구성원을 목표에 일치시키고 구성원들을 효과적으로 이끌어 가기 위해서는 리더의 헌신적인 자세가 필요하다. 진정한 희생과 헌신의 표상이 된 몇 가지 사례를 보면서 윤리의식과 헌신적 수범자세가 얼마나 중요한지 알아본다.

• 충무공 이순신

임진왜란 7년 동안 여자를 멀리한 금욕생활. 원균의 모함으로 옥고를 치루고 백의종군할 때 말단 병사로 전투 참가. 모친의 부음을 듣고도 장례보다는 전장을 우선시함. 명량해전에서는 선조가 열악한 병력을 이유로 수군을 폐지하려 할 때 선조에게 "지금 신에게는 아직 12척의 전선이 남아 있나이다. 신이 죽지 않는 한, 적들은 감히 저희들을 업신여기지 못할 것입니다"라는 장계를 올리고 133척의 일본군을 명량에서 대파한다.

명량해전 승리 후 노량해전 시 갑판 위에서 "이 원수 무찌른다면 이제 죽어도 여한이 없겠습니다"라며 적탄이 가슴에 명중되었을 때 "지금 싸움이 한창이니 내가 죽었다는 말을 하지 말라"며 장렬한 최후를 맞음. 죽는 순간까지도 위국헌신(爲國獻身)의 본분을 다하는 위대한 모습이다.

• 안중근 의사

1905년 을사조약을 계기로 교육활동에 전념하다가, 1907년 연해주로 건너가 무장 독립운동에 참여. 1909년 11명의 동지와 함께 넷째 손가락 첫 마디를 끊고 독립운동 맹세. 동년 10월 26일 만주 하얼빈 역에서 초대 통감 이토 히로부미를 사살, 이듬해 3월 26일 세상을 떠남. 그가 남긴 유언 "나라를 위해 몸 바치는 것은 군인이 마땅히 행해야 할 직분이다." 이 시대 최고의 가치 덕목이자 헌신의 귀감이다.

이외에도 2010년 서해바다 천안함 용사의 희생과 헌신, 이태석 신부의 사랑과 헌신 등 많은 모범적 사례를 통하여, 21세기에 조직의 리더는 공식적인 권위 위주로부터 도덕적 권위로 변화하여, 윤리의식과 자기헌신의 수범적 자세가 리더의 최우선적 역할이 되어야 한다.

긍정의 힘! 셀프리더십!

| 전술적 식견 구비

| 적을 찾기 위한 최우선 노력 경주(정보 우위 달성)
- 적보다 먼저 보고 먼저 결심하여 먼저 행동
- 적 위치 식별, 적 기도 분석, 대응책 강구

| 효율적인 화력 운용
- 적시성, 다양한 화력 지원수단을 정확하게 통합하여 운용

| 제병 협동 / 합동작전
- 타병과 / 타군을 효율적으로 활용하여 노력을 집중,

| 상황변화에 융통성 있게 대처하는 전투지휘
- 전장에서 주도권을 장악하기 위해 작전의 템포가 중요하므로
- 지휘관의 적시적인 판단과 결심은 결정적인 승리를 좌우

| 주요 국면 발생 시 세부적인 전투수행 절차 적용
- 시행조건 검토, 전투협조 회의, 예 / 배속 부대 효율적 장악

| 소부대 전투기술 숙달

| 편제화기 운용요령 숙달(간부, 화기요원)

| 작전보안 준수
- 아무리 강조해도 지나치지 않음,

| 안전을 최우선적으로 고려한 부대 운용(Safety First!)
- 비전투 손실 예방하여 사기저하 원인 차단

| 성취감을 느끼게 해주는 전투지휘(성과 극대화)
- 각급 제대 지휘관은 정확한 목적의식과 목표를 설정 / 제시

: 임진강, 파주 서부지역 여단장 취임
: 위풍당당 운동 캠페인
  (위하는 마음, 풍요로운 마음, 당당한 부대)

제7장

임진강
부대장이 되다

임진강, 파주 서부지역 ·

· 여단장 취임

·

    강원도 현리 산악군단에서 참모장 보직 1년을 보람 있게 마치고, 이곳 경기도 파주지역으로 이동했다. 6년 전에 백마부대 연대장 재직할 때의 책임지역과 인접한 곳이라서 감회가 새롭다. 이 부대는 임진강을 경계로 북한과 대치하고 있는 지역이어서 경계 및 작전임무가 한층 고도의 긴장을 요구한다.

    지역을 사수해야 하고 경계작전이 완벽해야 한다고 해서 '무적부대'라고 부르고 있다. 책임지역 전방은 한강 하구와 임진강 하구이고, 후방은 파주시의 도시 주거지역과 인접하고 있어서 전·후방 모두가 취약한 곳이다. 심학산 부대장 근무 시에는 대령 계급이었지만, 이 부대는 장성지휘 부대여서 더욱 책임감이 요구될 뿐만 아니라, 국가안보의 핵심구역 일부를 맡은 주역이라는 생각이 들어 어깨가 무거웠다.

긍정의 힘! 셀프리더십!

지역의 특징은 강원도 산악군단과 대조적이다.

제일 높은 산이 월롱산(229m)이고 그 다음이 오두산(110m)이다.

월롱산은 월롱면에 위치하며 멀리까지 잘 보이기 때문에, 자연지형을 이용한 뛰어난 요새로 평가받고 있고, 백제 전성기 3~4세기경에 축조된 산성의 흔적이 아직도 남아 있다. 오두산은 탄현면에 위치하며, 한강과 임진강이 만나는 지점에 솟아 있어 높지는 않지만 예로부터 서울과 개성을 지키는 군사적 요충지로, 고려 말에 쌓은 산성이 아직 남아 있다.

강을 사이에 두고 북한 땅을 마주하고 있어 통일전망대가 설치되어 있으며, 북쪽으로 개성시의 송악산(489m)이 보이고, 북한 주민들의 활동하는 모습을 볼 수 있다.

인근에 통일동산이 조성되어 있고, 축구 국가대표 선수 훈련장이 마련되어 있다.

취임 후 제일 먼저 작전지역의 한강과 임진강 경계지역을 순찰하였다. 생각했던 것보다 철책 경계선의 길이가 길었고, 강안 초소의 숫자도 많아서 경계소요가 많아 보였다. 과거에 북한군의 침투가 수십 차례나 있었던 전례가 있기 때문에 한순간도 방심할 수 없는 불철주야의 감시구역이었다.

소규모로 파견된 독립소초와 초소에 근무하는 전투병들이 어떤 가치관으로 경계하고 있을까? 즉각 대응할 수 있는 전투준비 수준은 어느 정도일까?

필승의 신념과 정신무장 수준은 어떨까?

무엇이 애로사항일까? 군 기강과 사기 정도는? 간부들의 리더십 수준은?

이런 것들이 머리를 스치면서 벌써 걱정이 떠올랐다. 바로 그것이 나의 과제이고 관심사항이라고 생각했다.

먼저 부대의 임무와 여건을 분석해 본 다음, 부대의 현 상황(인원·장비·물자·훈련수준·작전계획·군 기강·정신전력·안전·근무태도·복지 등)을 진단하고, 진단 결과에 따라서 강하고 튼튼한 부대로 육성하기로 결심했다. 그 당시 부대를 진단했던 '진단중점'[첨부1]은 제시한 바와 같다. 부대 진단 결과, 부대 지향목표 달성을 위하여 지휘관 본인의 실천중점을 제시하였다[첨부2].

그리고 여단 전 부대를 대상으로 계층별, 단위부대별로 간부 리더십과 부대 관리요령에 대하여 워크숍을 진행하였다[첨부3]. 워크숍 결과를 참고하여 우리 부대의 임무와 환경에 맞춘 부대 관리 착안사항을 도출하였다.

그런 다음 얼마 후에 부대 전체에 개선 캠페인을 전개하였다. 장병 모두가 즐겁게 일하고 튼튼하고 당당한 부대를 만들어 가자는 취지로 '위풍당당' 운동을 확대 시행하기로 마음을 모았다. '위하는 마음! 풍요로운 마음! 당당한 부대!'의 첫 글자를 사용한 리더십 운동을 제안한 것이다.

긍정의 힘! 셀프리더십!

부대 정밀진단 중점

| 병원(兵員) 관리

- 관심사병을 특별한 관심과 애정으로 관리하고 있는가?
  - 자살 우려자, 복무 부적응자
  - 지휘 사각지대 병사(취사병, 보일러병, 복지관리 등)

- 구타/가혹행위 근절 활동
- 초급간부(관심 필요한) 관리
  - 과다 부채, 신용카드 과도, 사생활 문란
  - 초임장교 관리(교관능력, 숙소, 스트레스 등)

- 내무반 악습(다각도로 확인)

| 총기 및 탄약 관리

- 총기, 탄약 관리지침 이행실태(열쇠관리)
- 일일 결산(사고자 및 간부 총기 포함)은 어떻게 하는가?

| 경계 근무

- 규정된 근무자 편성, 시간준수, 간부가 교대확인

- 근무지 이탈 사례확인(심부름, 호출, 급수탱크 확인 등)

| 상향식 일일 결산은 잘되고 있는가?
- 분대 - 소대 - 중대 - 대대
- 결산 지연으로 초급간부 퇴근 지연?

| 분대 건재 유지는 잘되는가?

| 운전병 안전운행에 문제점은 없는가?

| 취사병 관리는?(위생, 창고, 부식, 검수, 새벽근무, 결산)

| 교육훈련 예정표대로 교육훈련 잘 진행되고 있는가?, 교육훈련 준
  비상태는?

※ 부대 정밀진단을 통해서 잔존하는 악습이 제거되어야 하고,
   상급자부터 먼저 열린 마음으로 소통이 잘되도록 해야 함.

긍정의 힘! 셀프 리더십!

지휘관 본인 실천중점

| 실천 목표

- 열린 마음, 밝은 병영
- 기(氣)가 살아 있는 강한 부대 육성

| 실천 중점

- 부하들에게 꿈과 희망을 갖게 하라
- 부하들이 생각하는 군인이 되게 하라
- 부하를 존중하고 배려하라
- 부하를 인정하고 칭찬하고 격려하라
- 부하를 사(私)적으로 운용하지 마라
- 「어떻게 싸울 것인가?」를 고민하라
- 부하를 강하게 훈련시켜라
- 기본과 원칙에 충실하라
- 보여주기식 부대 운영하지 마라
- 「부대관리 시스템」에 무엇이 문제인가?

간부 리더십 워크숍 토의의제

| 상호 존중과 배려 → 밝은 병영 → 자전적 시스템 견고

| 상호 존중과 배려

- 상대의 가치를 존중하는 인간적 문제
- 역지사지(易地思之) 하는 마음으로 상대방을 먼저 배려
- 겸손한 마음, 언행일치 하에 솔선수범

| 열린 마음으로 의사소통에 앞장 → 밝은 병영

- 나부터 변화되어야 함(질책보다는 인정과 칭찬, 비전, 융화력)
- 변하지 않으면 고이고, 막히고, 퇴보함, 환경부터 변화시킨다
- 보고는 쉽게 하도록 사전배려(전화, 메모, 비대면, 문자, 열린게시판)
- 윗사람부터 마음의 문을 열어 주고 포용한다
- 보여 주기식/ 행정위주 업무 지양

| 올바른 리더십 습관화 → 자전적 시스템

- 좋은습관 길들이기(자기기대, 자기상담)
- 원칙 중심의 패러다임

긍정의 힘! 셀프 리더십!

- 리더의 역할 : 본보기 – 목표 설정 – 한 방향 정렬 – 임파워먼트
- 우리들의 약속
  - 지킬 것은 지키고 즐겁게 일하자
  - 기초와 기본에 충실하자
  - 부끄럽지 않은 떳떳한 간부가 되자
  - 창의적이고 능동적으로 참여하자

| 직감 / 예측 / 균형감각 / 적시적 판단과 조치

| 권한위임 / 신상필벌 / 인센티브 활용

| 부대관리 7대 강조사항
- 완벽한 경계
- 인간존중의 병영문화 개선 꾸준하게 추진
- 성과 위주 교육훈련
- 변화와 혁신에 내가 먼저 참여
- 대민마찰 사고 예방
- 시스템에 의한 자전적 부대관리
- 주간 4대 결산(관심사병, 총기/탄약, 교육훈련 준비, 초급간부 지도)

위풍당당 ·

· 운동 캠페인 (위하는 마음, 풍요로운 마음, 당당한 부대)

·

| 위하는 마음

얼마나 인간적인 냄새가 나고 기(氣)를 살리게 하는 표현인가!

위하는 마음은 나부터 존중과 배려를 실천하고 인정과 칭찬으로 화합의 장을 끌어내는 서번트 리더십이다. 겸손한 사람이 가장 무섭다는 말처럼, 상대를 섬기고 위하는 마음은 자신의 인격이 그만큼 성숙되었다는 의미이다. 예로부터 성인군자들의 경우를 보더라도 스스로를 낮춰서 베풀고, 심지어 자신을 '백성의 종, 하나님의 종'으로까지 낮추어 부르더라도, 수천 년이 지난 지금도 많은 사람들이 오히려 따르고 받들어 추앙하지 않는가? 또한 역사적으로 존중과 배려를 베푼 사람만이 존중과 배려를 받아 왔다. 일각에서는 존중과 배려가 조직을 약화시킨다는 우

긍정의 힘! 셀프리더십!

려가 없지는 않으나 오히려 조직의 단결과 사기에 영향을 미치는 최고의 역량이라는 사실이 많은 실험결과에서 입증되고 있다.

인정해 주면 목숨도 바치고 칭찬하면 고래도 춤춘다는 말처럼, 상대를 진정으로 위한다는 것은 존중과 배려, 인정과 칭찬을 아낌없이 진실되게 실천하는 것이다. 이러한 존중과 배려는 '열린 마음'으로 연결된다. 마음이 열리게 되면 열린 대화의 장이 자연스럽게 형성되고, 열린 대화가 활발해짐으로써 모두가 풍요로운 마음을 갖게 되어, 밝은 병영문화로 자리매김하게 될 것을 기대한다.

| 풍요로운 마음

풍요란 넉넉함이다. 조바심을 내고 속 좁은 사람은 소인이 될 것이고, 자신이 부족하므로 자신의 욕심을 채우려 할 것이다. 반대로 마음이 풍요로운 사람이 되면 베풀게 되고 베풀면 베풀수록 더욱 여유 있고 넉넉한 사람이 될 것이다.

볕이 좋은 가을 들녘의 풍요로운 풍경을 상상해 보자. 따뜻한 볕이 Leader라면 벼들은 풍성한 열매를 맺게 될 것이다. 국내 통계에 따르면 가을볕이 좋으면 볕이 없을 때보다 하루에 10만 톤의 수확이 더 증가한다고 한다. 붉은 악마 응원에서 온 국민이 느꼈듯이, 인생의 결정적 시기에 있는 장병들의 에너지를 전투력으로 승화시킬 수 있도록, 따뜻한 볕과 같은 리더십 발휘를 통해 풍요로운 병영문화를 창달해야 한다.

호두라는 과실은 날씨만 마냥 좋아서는 빈껍데기가 된다. 때로는 모진 비바람과 온도변화가 있어야만 알맹이가 꽉 채워져 풍년이 든다. 즉 병영은 교육훈련과 휴식의 조화와 스스로 추위에 견디는 내성도 길러야 한다.

세상을 살면서 자연의 이치처럼 인간의 풍요로운 마음을 펼칠 시간이 우리에겐 너무도 적다. 과학자들은 우주의 역사가 200억 년, 지구의 나이는 50억 년이라 한다. 이에 비해 인생 100년은 우주의 역사와 비교하면 그야말로 반짝하다가 꺼지는 존재인 셈이다. 그러므로 전근대적인 지휘행태를 발휘하는 소인이 되지 말고, 보다 큰 그릇의 모델링이 되어 풍요로운 대인이 되자. 내가 먼저 위하고 베푸는 마음을 가지면 모든 게 풍요롭게 될 것이다.

결국 모두가 All Win 하는 풍요로운 병영이 되어, 부대원 모두가 기(氣)가 살아 자발적인 참여의욕이 생성되고, 임무에 충실하는 당당한 부대가 될 것으로 확신한다.

| 당당한 부대

우리 부대는 강하고 당당한 부대인가? 당당하지 못하다면 무슨 이유인가?

나 자신과 우리 부대가 당당하지 못하다면 그 원인을 모색해 보고 반성해 볼 일이다.

반성하지 않는 자는 오만과 자만에 빠져서 발전할 수 없다. '日日新 又日新'이란 말처럼 날마다 새로워지기 위해서는 나 자신부터 변해야 한다. 리더의 출발은 변화이다.

내가 먼저 변하지 않고 남부터 변하라고 하는 것은 리더십의 기본이 아니다.

어느 대기업 CEO는 모든 것을 다 바꿔야 산다고 했고, 빌 게이츠는 Change에서 g만 c로 바꾸면 Chance(기회)가 온다고 했다. 동물 중 비교적 수명이 길다고 하는 솔개 역시 먹이를 장기간 굶으면서 자기 스스로 부리와 발톱을 빼내는 고통을 겪고 난 후에야 수명이 배로 늘어났다고 한다. 당당한 부대로 새로 나기 위해서는 팀워크를 강화시켜서 공동체의식을 높여야 한다.

이를 위해서 리더는 변환자적 리더십으로 모범을 보이는 것이 무엇보다 중요하다. 서구의 개인주의적 문화가 최근 입대하는 신세대 장병들에게 영향을 미쳐 공동체의식이 절실한 상태에 있다. 따라서 군 내외 리더십 환경을 고려하여 잘못된 리더십 문화는 과감히 버리고, 바람직한 리더십 문화는 더욱 계승되어야 한다. 육군 Soft Power의 요체는 작은 것부터 꾸준히 실천하고자 하는 것!

문화의 힘이 전장 승리의 뒷받침이 될 것이다. 이와 같은 취지에서 "위하는 마음, 풍요로운 마음, 당당한 부대"가 되기 위한 문화혁신 실천운동 중점을 다음과 같이 제안하였다.

첫째, 자신과 부하의 기(氣)를 살리는 리더십

- 조직의 존재목적에 맞는 비전과 목표 제시
- 합리적인 지휘풍토 조성(All Win)
- 분노하지 말고 친절한 지도, 먼저 실천(코칭·상담)
- 부하에게 자율권 부여, 내면적 동기 부여(임파워먼트)
- 상급자부터 마음의 문을 열고 배려하고 베푸는 마음 실천

둘째, 능동적·창의적인 팔로워십

- 공동체의식을 바탕으로 강한 팀워크 구축(멤버십)
  * 리더 이전에 멤버가 되자.
- 자율적 창의적인 임무수행, 자발적 복종
- 부당함에 대한 건전한 비판과 도덕적 용기 발휘

셋째, 열린 마음·열린 의사소통

- 경쟁보다는 협력의 대상으로 인식(파트너십)
- 신의와 협조를 우선하는 사고
- 팀워크 극대화를 통한 시너지효과 달성
- 다양한 수단을 활용하여 원활한 의사소통

| 위풍당당 운동 세부 실천사항

캠페인 전개는 자발적 참여가 있도록 분위기를 조성하고 운동

긍정의 힘! 셀프리더십!

의 취지를 잘 이해시킬 필요가 있었다. 그래서 공감대가 모아지고 기대감을 갖게 해야 병영문화 혁신으로 지속되어 가리라 생각되었다. 마음의 벽을 허물고 원활한 의사소통이 되도록 하는 것이 우선이었으므로, 존중과 배려를 행동으로 실천해 가는 소소한 분야를 구체화시켜 아이디어를 창안하여 실천해 나갔다. 다음과 같은 활동을 전개하여 점차적인 성과를 확인할 수 있었다.

자발적인 참여 창안 활동

① 소, 중대 단위 열린 마음 우체통 활용

② 열린 마음 게시판

③ 전입신병 기념사진 촬영

④ 영창 퇴실자 면담

⑤ 병 기본권 상담

⑥ 병사식당/ 화장실/ 초소 환경개선

⑦ 하급자 경례에 적극적 답례

⑧ 병영 환경 개선(그늘막, 쉼터, 음악 ,꽃, 그림, 현수막, 조경 등)

⑨ 국방일보 30일보관철 설치

⑩ 당직 근무자 근무 후 격려

⑪ 막사 주변 사각지역 조명등 설치

⑫ 독신자 간부숙소 환경개선

⑬ 부사관 주간 간담회

⑭ 의무대 진료대기실 설치

⑮ 동기생과의 만남의 행사, 대화의장 마련

⑯ 병장/행정보급관/중대장 워크숍

⑰ 병장 지휘서신 활용

⑱ 인트라넷 홈페이지 적극참여 유도(칭찬릴레이, 격려 등)

간부들이 공감하고 앞장서지 않으면 과거의 관행이 개선되지 않기 때문에 계급/계층별 간담회와 워크숍을 하면서 병영문화 개선의 필요성을 이해시키고 협조를 구했다.

무엇을 개선한다는 것은 쉽지 않지만 함께하면 변화되리라 믿는다. 'I BEST(I: 나부터, B: basic 기본, E:easy 쉬운것부터, S:small 작은것부터, T: today 오늘부터)'

부대장이 솔선하지 않으면 사상누각이므로, 당장에 지휘관 본인의 실천방향과 중점을 제시했던 것이다. 위 내용의 자발적 참여 동기유발도 간부들의 능동적 참여가 필요했으므로, 부대관리간 간부들의 유념사항을 동시에 전파하였다.

긍정의 힘! 셀프리더십!

부대관리 간 간부 유념사항

① 간부 자신이 먼저 변화에 동참하는 모습을 솔선수범해야
   함(마음을 열고 먼저 접근, 겸손, 친절, 상호존중)
② 구타, 가혹행위 절대 근절
③ 실전적 교육훈련, 신바람 나는 병영분위기 유도
④ 각종 사고예방 활동에 안전수칙 준수
⑤ 사고관련 징후 발견 시 곧바로 부대진단 선행
⑥ 신병 보호조치 강화
⑦ 가혹행위 발생 시 엄중한 문책
⑧ 관심병사들에게 친절과 애정으로 감동을 주는 보호조치
⑨ 간부들의 정성어린 지휘통솔과 끈질긴 집념이 요구됨

병영문화의 뿌리 깊은 악습, 구조적인 병폐는 쉽게 단기간에
고쳐지기 어려울 것이므로, 이를 해결하기 위해서는 모든 간부
들에게 '인간존중, 상호배려'와 더불어 살아가는 리더십 기술,
언행이 일치된 솔선수범, 도덕적인 용기, 헌신적인 복무자세가
절실히 요구되었다. 부대장으로서는 줄기차게 현장을 방문해서
손목을 잡고 함께 호흡하면서, 경청과 피드백, 반복적인 교육을
지속하여 변화를 꼭 이루겠다는 신념을 보여 주었다.
  다음으로는, 부대 사고예방 활동에 대한 구체적인 세부지침을
제시하였다. 사건·사고는 부대의 사기를 순식간에 저하시키고, 부
대원의 기(氣)를 꺾으며 무형전력을 극심하게 후퇴시킨다. 사고

는 기필코 사전에 예방할 수 있다는 믿음을 우선 갖도록 했다. 부대 시스템의 막힌 곳, 구부러진 곳, 어두운 곳, 취약한 곳을 찾아서 곧바로 시정 보완하는 것이 중요하다. 주로 인적요소와 규정준수 문제이므로 교육의 영향이 크다고 할 수 있어서, 사고 예방 활동 중점을 구체적으로 전파하고 지속적인 숙지/실천지침 으로 활용하였다.

사고예방 활동 중점

① 상·하 간에 막힌 곳이 없어야 함(의사소통)

② 의사소통이 안 되는 이유는 상급자의 리더십에 문제가 있음

③ 구타, 가혹행위 원인은 상급자의 폭언과 무관심에서 유발 하고 잘못된 관행은 잡초와 같아서 지속적으로 뽑아야 함

④ 사고예방 핵심은 중대장, 소대장, 분대장임

⑤ 타 부대 사고사례를 적시에 전파해서 예방 경각심을 갖게 함

⑥ 관심사병/초급간부는 정성스럽게 관찰할 필요가 있음

⑦ 모든 경계병은 복초근무이고 근무지 이탈은 엄벌

⑧ 음주운전자는 일체의 관용이 허용 안 됨

⑨ "병영생활 행동강령" 준수 생활화

⑩ 장병 인성교육 강화(일일 정훈활동 활용)

⑪ 사고예방 교육 망각주기 고려해서 주기적으로 반복 시행

긍정의 힘! 셀프리더십!

⑫ 상향식 일일결산, 지휘보고 시 사고예방 조치 관련사항 포함

⑬ 분대건재 유지 생활화, 분대장 관찰보고 제도 시행

⑭ 병영생활 고충 상담관 임명, 계층별 의사소통 간담회

⑮ 보호 관심병사 통합관리 체계 정착

⑯ 현역복무 부적합자 적시적인 지휘조치

⑰ 구타/가혹행위, 성추행 사고의 피해자 보호조치 강구

수천 명의 부하장병들과 함께 생활하며 먹고, 자고, 훈련하면서 엄격한 규율 속에서 강한 전투력을 키워 간다는 것이 결코 쉬운 일이 아니다. 위험한 폭약류를 취급하고 험난한 작전수행과정을 완수해 가면서 부대원 모두의 안전을 지켜야 하기 때문에 한시도 마음이 편할 수 없다. 그래서 국가와 국민의 안전보장을 위해 힘쓰고 계시는 군부대 지휘관, 경찰 및 안전관련 조직을 통제하시는 모든 분들께서 고도의 충성, 사명감, 헌신적 자세가 있기에 지금의 안전이 지켜지고 있는 것이다.

조직을 구성하는 리더와 팔로워의 상호작용이 유기적으로 원활할 때 그 조직은 좀 더 쉽게, 즐겁고 안전하게 목표를 이루어 갈 수 있다고 생각한다. 그 비결이 리더십과 팔로워십을 구비하는 것이라고 단연코 말할 수 있다. 리더십의 핵심은 리더의 솔선수범(본보기), 의사소통, 동기부여에 있다고 늘 생각해 왔다. 그중에서 의사소통이 결집력을 좌우한다. 의사소통이 다방향으로 원활하게 이루어질 때, 구성원 간에 자발적이고 적극적인 참여의

식과 상호 협조하는 응집력이 향상되어 공통의 목적의식을 가진 조직체로서 결합이 될 수 있게 한다.

의사전달자는 입으로 말만 잘할 것이 아니라, 조건을 우선 갖춰야 한다.

첫째는, 정직성이다. 행동이 전달자의 메시지와 일치하느냐이다.

둘째는, 신뢰성이다. 흔히 무엇을 말하느냐보다 누가 말하느냐가 중요할 때가 많다.

셋째는, 경청이다. 단순히 듣는 것(Hearing)과 경청(Listening)은 다르다.

넷째는, 커뮤니케이션 스타일이다. 성격과 얼굴모습만 봐도 메시지를 알아차리고 감동하는 경우가 있다. 친화적 인간미와 절차의 간소화가 심리적 거리감을 줄인다. 이런 말이 있지 않은가. "1분간 말하고, 2분간 들어 주고, 2분간 들어 줄 때 3번 이상 공감하면서 들어라"라고.

30여 개소가 넘는 크고 작은 단위부대의 현장을 끊임없이 확인하고, 수십여 군데의 경계작전 현장을 순찰하면서 수고하는 근무자들과 잠깐의 대화를 통해 '한마음 공동체'를 느낄 때 무한한 희열을 감출 수가 없었다. 취사병들의 조리 현장에서 반찬이나 국물 맛을 보면서 격려하고 칭찬해 준 다음, 다음에 또 가 보면 더 열심히 즐거운 표정으로 일하는 모습을 볼 때 진정으로 고맙고 사랑스러운 아들들이고 조카들이었다.

긍정의 힘! 셀프리더십!

수고하는 간부들에게도 현장에서 느낀 직관의 코칭을 몇 마디 하고 대부분 칭찬을 하다 보면, 다음 기회에 다시 만나게 될 때 칭찬거리가 더 많아지는 것을 자주 확인할 수 있었다. 이것이 '선순환'이라고 생각하니 긍정의 힘들이 모아져서 부대 전체가 밝아지고, 소통도 원활해지고, 불미스런 사고도 예방되면서 훈련성과도 향상되었다.

무적부대 지휘관을 수행하면서 '위풍당당 운동'을 전개하고, 그 성과를 눈으로 확인할 수 있었기 때문에 큰 보람을 느낀다. 함께 근무했던 참모장, 참모, 대대장, 중대장, 소대장, 부사관 여러분들과 사랑하는 병사 전우 여러분들! 고맙게 생각합니다.

내가 부대 지휘관을 마치고 떠나온 후, 곧바로 열린 군사령부 연말 성과분석 회의에서 3개분야에서 부대표창을 수상했다고 연락을 받았다. 흔하지 않은 경우다.

부대원 모두가 리더이고 팔로워였다. 모두가 지금도 곳곳에서 위풍당당하게 주역으로 살아가고 있으리라 믿는다. 재직하는 기간에 여단장병에게 보낸 편지와 국방일보에 올렸던 기고문, 그 글에 답신을 보내 준 이 소위의 메일 한 편을 다시 음미해 보고자 한다.

여단 전 장병에게 보낸 편지
(위풍당당 운동 관련)

사랑하는 여단 장병들에게

우리 여단은 여단장이 취임한 이후 인간존중의 병영문화 혁신을 위하여 전 장병이 혼연일체가 되어 각급 제대별로 많은 노력을 해 왔습니다.

수많은 정신교육과 간담회, 열린 토론회, 그리고 붐 조성을 위한 각종 현수막, 입간판 설치와 캐릭터 그리기, 또한 의사소통 활성화를 위한 열린 마음 우체통 / 게시판 등 행동화 실천, 뿐만 아니라 꽃밭 가꾸기, 초소 환경개선 등 다양하게 병영문화를 개선하여 기본권 침해 사례도 격감하고 상호 존중하는 밝은 병영의 풍토를 조성하였습니다.

그 결과 최전방 부대로서 상대적으로 열악한 환경 속에서도 각종 훈련 및 강안경계 작전 등을 하면서 상급 부대와 주변으로부터 칭찬받게 되고 튼튼한 부대의 면목을 대외에 과시하게 되

긍정의 힘! 셀프리더십!

었으며, "우리는 할 수 있다"라는 자신감과 자부심을 갖게 해 주었습니다.

   우리는 멈출 수 없습니다. 계속 변화되어야 합니다. 멈추면 막히고, 막히면 썩고, 잡초를 뽑아 주지 않으면 계속 무성하게 자라나듯이 우리는 막힌 곳을 뚫어 주고 새롭게 자라나려는 잡초는 일찌감치 뽑아 주어야 합니다.
   마침 따뜻한 봄기운의 3월을 맞이하여 여단에서는 「위풍당당 ○○여단」이라는 새로운 슬로건을 가지고 병영문화 혁신을 보다 더 창의적으로 새롭게 재출발하고자 합니다.

   「위풍당당」의 개념은 위하는 마음, 풍요로운 마음, 당당한 부대를 의미합니다.
   군 복무기간 동안 서로서로 위하는 마음으로 존중·배려·칭찬·격려해 주고, 그렇게 함으로써 저절로 즐겁고 풍요로운 마음이 생기고, 무엇이든지 해낼 수 있는 튼튼하고 당당한 부대를 만들 수 있다는 것입니다. 위와 같이 되려면 말로만 해서는 안 되고, 행동으로 실천하고 생활화해야 합니다.

   한 개인으로 보면 행동을 반복하면서 습관이 되고, 결국 그 습관에 따라 개인의 인생이 달라진다고 합니다. 만일 우리 모두가 상호 존중해 주고 배려해 주는 좋은 행동을 반복하여 좋은 습관이 되도록 한다면 우리 병영문화가 달라지고, 결국 우리 군대도 과거의 강압·소극·타성적 병영에서 자율·창의·책임의 희망이 넘치는 氣가 살아 있는 병영으로 바뀌는 것입니다. 그렇게 될 때 국민으로부터 신뢰받는 진정한 국민의 군대로 거듭날 수 있습니다.

이를 위해 다음 3가지를 당부하고자 합니다.

첫째, 여러분 모두가 새로이 추진하려는 「위풍당당」 운동에 적극 동참하여 변화와 혁신에 앞장서기를 바랍니다. 우리 모두가 변화의 주체자로서 내 마음부터 바꾸도록 노력하고 좋은 아이디어, 즉 행동화시킬 수 있는 창의적인 방법을 생각하면서 각 부대별로 능동적으로 실천해 나가도록 합시다.

둘째, 안 될 것이라는 부정적인 마음은 버립시다.
한국 축구가 월드컵 4강에 오르고, 한국 야구가 미국 야구를 이기리라고는 아무도 생각 못했습니다. 우리나라의 국력이 세계 11대 경제강국으로 성장한 것에 걸맞게 각 분야에서 우리 국민의 우수성이 과시되고 있듯이, 우리 병영문화도 모두가 주인의식을 가지고 재미있고 살맛 나는 병영이 되도록 긍정적인 생각으로 참여합시다.

끝으로, 간부와 선임병들의 솔선수범을 당부합니다.
여러분들이 먼저 앞장서서 배려하고 위해 주는 행동을 할 때에 「위풍당당 운동」은 큰 성과로 나타날 것입니다. "어떻게 위해

긍정의 힘! 셀프리더십!

줄까?" "어떻게 배려해 줄까?"를 생각하면서 당당하게 솔선수범하는 모습을 보여 주기를 기대합니다.

여러분들의 병영문화 혁신에 헌신적인 동참에 감사드리며, 계속해서 「위풍당당 운동」에 적극적 참여를 당부합니다.

2006. 3. 17 여단장

강안수색정찰 (2005. 6. 3)

위풍당당한 소대장

(05. 7. 13 국방일보)

K소위! 소위 계급장을 달고 부대 전입신고를 하던 날 K소위의 늠름한 모습을 보니 29년 전 나의 모습과 그렇게 흡사하였다. 소대장으로 며칠 지내 보니 어떠한가? 짧은 부대 전입교육을 마치고 너를 보내고 난 뒤, 너의 얼굴이 자주 머리에 떠오르는구나. 잘하고 있으리라 믿지만 그래도 걱정되어 몇 자 적어 보내니 참고하기 바란다.

K소위! 귀관은 왜 장교의 길을 택했는가? 누구의 강요에 의한 것인가? 아니면 스스로 명예로운 대한민국 장교의 길을 택한 것인가?

비전을 가지고 일하는 자와 그렇지 못한 자는 일을 대하는 태도와 열정에서 큰 차이를 보인단다. 기왕이면 기쁜 마음으로 긍정적인 의미를 부여할 때 소대장 생활이 값지고 빛나는 밑거름이 될 것이야.

K소위! 우리 부대의 새 식구가 되었으니 「위풍당당」 소대장이 꼭 되어 주기 바란다.

우리 부대는 1년 전부터 병영문화 혁신을 위해 「위풍당당 부대」를 만들어 가기로 장병 모두가 약속을 하고 슬로건을 내걸었단다. 상급자부터 먼저 「위하는 마음」을 행동으로 실천하고, 그러면 우리 모두가 「풍요로운 병영」이 될 것이므로 이런 가운데

긍정의 힘! 셀프리더십!

어떤 임무도 당당하게 수행할 수 있는 부대가 될 수 있다고 결의를 한 거야. 이 캠페인은 누구에게 보이기 위한 것이 아니고, 지금 이 시대의 급속한 변화에 맞도록 병영문화를 개선해 보고자 그야말로 밝은 병영을 이룩하는 데 목표를 두고 추진하였단다.

상급자부터 먼저 마음의 문을 열고 배려하는 마음, 베푸는 마음을 실천하기로 하고 의사소통 문화부터 고쳐 가기로 했지. 1년이 지난 지금 간부들 모두는 원칙 중심의 패러다임으로 변화되었고, 섬기는 리더십을 자발적으로 행동화하기에 이르러 자타가 공인하는 병영문화 혁신 우수부대가 된 거야.

K소위! 새로 만난 동료와 부하들 중 싫은 부류도 있을 거야. 악연이라고 생각 말거라. 군대문화가 오랫동안 경직되어 온 것은 커뮤니케이션이 막히고 잘 흐르지 못해서 어두운 곳이 방치되고 자발적인 충성이 부족했기 때문이란다.

진정한 리더십이란 한마디로 상대방의 마음을 움직이게 하는 기술이야. 이것은 섬기는 리더십에 의해 가능하리라 본다.

K소위! 마지막으로 당부하오니 현재에 자만하지 말고 '무엇이 문제인가?' '더 나은 방법은 무엇일까?'를 늘 생각하면서, 나 자신의 변화로부터 풀릴 수 있음을 인식하고 즐겁게 근무해 주기 바란다. 항시 문 열어 놓고 의견을 기다리겠다.

위풍당당 부대 전입을 다시 한 번 환영한다. 파이팅!

어느 소대장의 답신 메일

(무적부대 1대대 2중대 1소대 소위 이○○)

7월 13일자 국방일보에 난 여단장님의 글이 선배장교로서 저희 초임장교들 모두에게 새롭게 시작하는 군 생활에 대해 당부하고 격려하는 글이라 느꼈습니다.

저는 몇 주간 소대원들과 한 생활관에서 지내면서 소대원들의 하루일과를 직접 몸으로 느껴 가고 있습니다. 소대원들의 마음을 다 알지는 못하지만 100% 이해하려고 실천하고 있습니다. 소대원보다 10분 먼저 일어나고 10분 늦게 취침하는 것입니다. 10분을 투자함으로써 소대원의 얼굴을 보고 이를 통해 소대원들의 마음을 열수 있다고 생각했습니다.

처음 군에 입대한 소대원들은 우선 혼자라는 생각을 합니다. 그들은 누군가에게 현재의 심정을 말하고 싶어 하고 자신들의 이야기를 들어 주기를 바랍니다. 이런 마음을 이해해 주는 것이 서번트 리더십이고 '위하는 마음'입니다. 만일 누군가가 "그대 왜 여기에 섰는가?"라는 질문을 받는다면 당당히 내 조국, 내 부모, 내 친구들을 지키기 위해 여기 와 있다고 말할 것입니다.

조국이 있기에 제가 이 땅 위에 당당히 육군 장교로서 서 있을 수 있는 것이고, 부모님이 있기에 세상의 빛을 본 것이며, 친구

긍정의 힘! 셀프리더십!

가 있기에 험한 세상을 친구들의 등불을 빌려 헤쳐 나갈 수 있다고 생각합니다. 그렇기에 위풍당당한 소대장으로서 저는 이 세 가지를 지키는 목적으로 자랑스러운 대한민국의 육군 장교가 된 것입니다. 지금 "너의 목표가 무엇인가?"를 묻는다면 당장의 목표는 세계에서 최고의 소대장이 되는 것입니다. 최고의 목표는 제가 서 있는 현 위치에서 최선의 노력을 다하여 최고의 성과를 달성하는 것입니다. 이런 마음가짐이 위풍당당한 소대장이라 생각합니다.

처음에는 '위풍당당'이라는 슬로건이 약간 어색했지만 참모들의 설명과 대대장, 여단장님의 설명을 통해 저희 여단이 확실히 병영문화 혁신의 출발선을 넘어서 달려가고 있음을 알았습니다. 소대원들 사이에서 느낄 수 있는 따뜻한 정과, 간부들 및 병사들 간 선임이 먼저 행동으로 실천하고, 후임에게 친절하게 알려 주는 모습을 통해 '위풍당당한 부대'가 되어 감을 느낄 수 있었습니다.

저에게는 30명의 소대원이 있습니다. 이들이 군 생활을 끝내고 사회로 나가는 순간, 이들 가슴속에는 '위풍당당'이라는 문구를 가슴에 새기고, 사회에 나가서도 어떤 일이든 자신 있게 살아갈 것으로 확신합니다. 저 또한 소대원들에게 뒤지지 않는 세계 최고의 소대장이 되기 위해서, 늘 노력하는 위풍당당 소대장이 되겠습니다.

감사합니다.

: 군 문화혁신 / 가치중심의 리더십
: 긍정형 리더십으로 임무형 지휘 정착
: Vision –NQ 운동전개
: 칠전팔기(七顚八起)의 셀프리더십(사례)

제8장

육군 리더십 센터장이 되다

군 문화혁신 ·

· 가치중심의 리더십

·

전방의 산악군단과 파주지역 부대장을 마치고 육군의 교육사령부로 내려왔다. 육군의 리더십센터 단장으로 보직을 부여받았다. 평소 부대근무에서 리더십에 많은 관심을 갖고 있었던 이유 때문인지 이곳으로 명령을 받고 와 보니 잘 왔다는 생각이 들었다.

오랫동안 군에 근무해 오면서 정신전력과 지휘통솔의 중요성을 너무나 많이 느꼈다. 그래서 과거 석사학위 논문제목도 초급간부 지휘통솔에 관한 연구였다. 군에 몸담고 있는 구성원들은 무형전력을 만드는 종사자이므로 그 어느 조직보다도 국가관과 사생관이 투철해야 한다. 특히 간부들의 리더십은 부하의 생명과 전장의 승패를 좌우하므로 부하통솔과 위기 관리 능력은 대단히 중요하다고 생각했다.

긍정의 힘! 셀프리더십!

군 조직의 임무는 상시 전투준비 태세를 완비하는 것이다. 전투준비는 하드파워(군 구조), 소프트파워(문화)로 구분할 수 있는데, 소프트파워는 보이지 않는 무형전투력으로서 리더의 가치관, 도덕성, 태도, 전문성, 솔선수범 등 사람의 리더십이 가장 중요한 영역을 차지한다. 군이 아무리 강한 무기체계와 장비를 갖추었다고 하더라도, 결국은 사람에 의해서 효과적으로 운용되어야만 진정한 전투력으로 발휘될 수 있다.

따라서 리더십은 무형전투력을 구성하는 모든 요소들에 영향을 미쳐 전력을 극대화하는 핵심적 역할을 한다. 미국을 비롯하여 선진국뿐만 아니라 우리 군에서도 경쟁력 있는 조직으로 발돋움하기 위하여 문화혁신의 일환으로 리더십 혁신을 추진하게 되었다.

군 문화 혁신의 기본은 '사람 제일, 자율과 책임, 효율과 창의'이므로, 이러한 추세 속에서 최근에 육군 리더십 센터를 창설하여 리더십 교리를 정립하고 개인 리더십 개발과 군 조직의 팀워크 증진을 위해 진력하게 되었다.

리더십 센터의 역할은 군의 리더십 정책을 수립하고, 양성 및 보수교육 과정의 학교교육, 야전부대 순회교육, 자기개발 프로그램을 제공, 그리고 리더십 교육용 콘텐츠를 연구·개발하는 것이다.

리더십 센터장으로 부임하면서 가장 큰 관심은 군 복무요원들에게 군의 가치관 확립을 위한 존중과 배려의 문화를 형성하고, 인간 중심과 원칙 중심의 리더십 함양과 공동체 의식을 배양하는 데 두었다.

안중근 의사는 '위국헌신 군인본분(爲國獻身 軍人本分)'이라는 군인적 가치관으로 적장 이등방문을 쓰러뜨려 한국인의 기개를 만천하에 드높이고 의연하게 순국하였다. 이와 같이 위대한 인물들이 가치를 실현하기 위해 목숨을 걸고 일생을 바치고 목숨을 버린 것처럼, 가치 지향적 삶은 한없이 고귀하고 숭고한 것이다.

인간의 삶이란 끝없이 시간의 흐름 속에서 보다 나은 내일의 삶을 꿈꾸며 보다 가치 있는 새로운 내일의 길을 택한다. 가치란 어떤 개인의 마음의 상태 즉, 우리의 행위를 이끌어 가는 원칙이다. 즉, 우리가 해야 할 일과 하지 말아야 할 일을 결정하게 해 주는 판단의 기준이고, 행동 선택의 근거가 되어 주는 것이다. 그래서 올바른 가치는 조직의 목적과 비전을 중심으로 조직을 결합시켜 준다. 개인이나 조직은 궁극적으로 달성하고 얻고자 하는 목적가치를 갖게 되고, 목적가치를 위해 지키고자 하는 수단가치를 선택하여 비전과 목표를 지향하고 있다. 가치는 곧 '만족'과 직결되어 있는데, '이것이 왜 중요한가? 내가 이것을 왜 선택하였는가? 이 선택이 희망적인가? 내가 이 선택을 지켜 낼 수 있는가?'라는 물음에 신념과 비전이 뒷받침될 때 핵심가치로서 만족을 채워 줄 수 있다.

개인이나 조직의 가치가 정립되고 함께 공유되었다 할지라도 상황에 따라 갈등과 마찰이 생길 경우 방향이 흔들리지 않도록 등대 역할을 해주는 지표가 핵심가치이다. 그래서 핵심가치는 개인과 조직의 이념과 철학이 담긴 것이므로 비전 리더십의 신념체계이고 중심개념인 것이다.

미군이 월남전에서 월등한 전력을 보유하고서도 전쟁에서 실패한 원인은 무엇이었을까? 가장 큰 문제는 '가치'였다. 『미국의 월남전 전략』의 저자인 해리 서머스(Harry Summers) 대령은 그의 저서에서 분석하기를 월남전은 전쟁을 준비하고 수행하면서 가장 중요하게 생각되는 국민, 정부, 군대가 공유하여야 할 가치가 일치되지 않음으로써, 실제 임무를 수행하는 과정에서 가치관의 혼란으로 국민과 군대 및 군대의 상하관계에서도 마찰이 발생하여 수많은 비전투손실이 발생하였고, 임무를 성공적으로 수행할 수 없게 된 것이다. 그 후 미 육군은 월남전 교훈을 통하여 군 조직에서 가장 중요한 것이 가치라는 사실을 깨닫게 되었으며, 가치관이 확고하지 못한 군대는 군기가 문란해지고 사기가 저하될 뿐만 아니라 이런 군대는 전쟁에서 결코 승리하지 못한다는 진리를 터득하였다.

가치관 재정립이 무엇보다 우선적으로 이루어져야 함을 인식하고, 1990년대 군을 재건하는 과정에서 미 육군의 7대가치(충성, 의무, 존중, 헌신, 명예, 정직, 용기)를 선정하고 리더들에게 이러한 가치에 따라 행동하고 솔선수범할 것을 요구한다. 그 결과 미군의 새로운 전통을 창출하여 군 기강과 공동체 의식을 크게 함양하고 신념과 자부심으로 적극적·창의적인 군인을 만들었으며, 오늘날 세계 최강의 군대를 만드는 핵심 원동력이 되고 있다.

| 육군의 가치관 (무엇을 위해 군 복무 하는가?)

우리는 무엇을 위해 군 복무를 하고, 무엇을 위해 여기에 있는가!

그것은 위국헌신(爲國獻身)의 목표를 이루기 위해서다. 이 목표를 달성하기 위해서는 다섯 가지 가치기준을 잣대로 행동하여야 한다. 그것이 바로 육군의 5대 가치이다.

육군은 리더의 조건을 '위국헌신의 지표아래 육군의 5대 가치를 신념화하여 준수하는 자'로 규정짓고 있다. 다시 말해 전 장병이 위국헌신을 위해 육군의 가치를 준수하여야 한다는 말이다.

가치관은 인간이 자기를 포함한 세계나 그 속의 사상에 대하여 가지는 평가의 근본적 태도를 일컫는 말이다. 이 가치관은 자신이 삶을 이해하고 받아들이는 하나의 필터가 되는 중요한 정신적 기반이다.

육군에서는 무형전투력을 극대화할 수 있는 '육군의 가치' 연구를 시작하여 수차례의 설문과 의견수렴을 통해 육군의 가치관을 도출하였다. 이것은 '육군 목표를 구현할 수 있는 가치' '군 복무규율에 제시된 가치' '건전한 군대문화를 창조할 수 있는 가치' 그리고 '디지털 시대를 주도할 수 있는 가치' 등을 고려한 것이다.

그 결과 핵심가치로 '충성, 용기, 책임, 존중, 창의'라는 다섯

긍정의 힘! 셀프리더십!

가지 가치관을 선정하여 2002년 이후 전 장병들을 대상으로 야전에 적용하고 있다. 이 다섯 가지 가치는 우리 군을 정신적으로 결집하는 구심력과 정신적 원동력이 되고 있다. 또한 병사 개인적으로는 리더로서의 인생의 가치관 정립에 크게 도움이 된다.

육군 가치관은 '무엇을 위해 군 복무를 하고, 어떤 군인이 되어야 하며, 어떤 행동을 하여야 하는가'를 결정해 주는 것이다. 모든 병사들이 육군의 목표를 달성하고 더 나아가 참된 군인이자 민주시민으로서의 사고와 행동방향을 올바르게 결정할 수 있도록 하는 가장 기본이 되는 기준이자 규범이다. 군인으로서 원칙이며 뿌리가 되는 정신이라 할 수 있다.

사실 이 다섯 가지 기준들은 군에서만 적용되는 것은 아니다. 어떤 사회집단이나 공동체에서 살아가더라도 반드시 가져야 할 기본적인 가치이다. 개인주의적이며 지극히 사적인 생활에 젖은 신세대 젊은이들에게는 다소 생소하고 거리감이 느껴질 수 있는 것들이지만 그것이 가지는 중요성은 크다.

살다 보면 큰 고비를 맞이할 때가 있다. 그럴 때 뿌리 채 흔들리며 혼란을 겪는 사람이 있는가 하면, 다소 어렵더라도 근본을 잃지 않고 의연하게 이겨 나가는 사람들이 있다. 차이는 바로 가치관 정립이 되어 있는 사람과 그렇지 못한 사람의 차이이다. 가치관은 삶을 지탱하는 큰 줄기이자 버팀목이 된다. 육군의 가치관을 이해하고 받아들이는 일은 군 생활을 건강하게 할 수 있는 가장 중요한 요소이다.

군의 역할 중 국민교육의 도장으로서의 역할을 중요하게 여기는 이유가 바로 여기에 있다. 가치관을 정립하는 일은 자신의 삶에 뼈대를 세우고 중심을 잡는 일이다. 군에서 배우는 5대 가치는 전역을 하고 난 이후에도 삶의 원칙으로서의 가치를 충분히 발휘할 것이다. 입대 장병들의 경우, 대학 입시준비에 열중하다가 대학 입학 얼마 후 곧 군에 입대하므로, 군에서 이해하고 몸에 익힌 군의 가치관은 매우 유익한 사회적응 자산이 될 것이다.

정상적 입대생활을 마친 사회인의 경우 좀 더 예의가 바르고 책임감과 용기가 뛰어난 점을 식별할 수 있다. 성공한 리더들의 공통점은 올바른 가치관을 일찍 깨달았기 때문에 이를 기초로 건전한 사고와 건전한 습관이 만들어져서 남다른 목표를 달성했다는 점이다. 군에 입대하면서 긍정적인 사고의 마음을 먹고, 군의 가치관에 순응한다면 기필코 소중한 자산을 건질 것으로 확신한다.

긍정의 힘! 셀프리더십!

긍정형 리더십으로 ·

· 임무형 지휘 정착

·

| 셀프리더십 계발

셀프리더십이란 자기 스스로 리더가 되어서 자기자신을 이끌어 가는 리더십을 말한다. 다시 말하면 자기자신을 통제하면서 자신을 이끌어 가는 과정이다. 연대장에 취임하기 전, 자운대 육군대학교에서 있었던 연대장 직무교육 중에 3일간의 리더십 워크숍을 통하여 배우게 된 패러다임의 변화, 좋은습관 길들이기, 성품윤리 등의 원칙중심/ 인간중심 리더십이 인상적인 교육이었기 때문에 그 이후로도 잊지 않고 늘 생활에 적용하고 있다.

연대장 근무 시 많은 도움이 되었고 그 이후 어디에 가서든지 간부교육에 활용할 뿐만 아니라 나 개인의 습관 및 리더십 계발에도 나침반이 되고 있다.

그때 교육내용이 밑거름이 되어서 셀프리더십 계발에 많은 참고가 되었고 대인관계 기술에도 항상 기준으로 활용하고 있다. 리더십에 관심을 갖기 시작하면서 자기계발, 인간관계, 조직관리, 성과향상 등에 원칙 중심, 사람 중심의 패러다임을 염두에 두었고, 리더의 역할이 성과를 좌우한다는 신념을 갖게 되었다. 먼저 나를 다스릴 줄 알아야 남에게 영향력을 발휘할 수 있다는 원칙을 지켜야 한다.

자기를 다스릴 줄 아는 단계는 자기혁신, 즉 자기를 변화시킨 단계이다. 자기변화는 기대와 목표를 걸어야 한다. 기대나 확신 없이 출발하는 것은 노 없이 배를 젓는 것이고 동력장치 없는 자동차와 같다. 자기기대는 목표를 향해 자신을 이끌어 가는 힘이다.

날고 싶다는 인간의 기대가 비행기 발명으로 이어졌고, 무선으로 온갖 의사소통을 다 하고 싶은 기대가 스마트폰 발명으로 현실화되었다. 세상의 어떤 위대한 업적이나 발명품도 그 시작은 한 사람의 작은 소망과 기대에서 출발한다. 포기하지 않는 한 목표를 향해 가고 있는 것이다. 수 많은 난관이 있겠지만 자기자신과 긍정적 대화를 하면서 그리고 롤모델을 그려 보면서 용기있게 목표를 향해 가야 한다. 두 팔과 다리 하나가 없는 중증 장애인 레나마리아(스웨덴)가 장애를 극복하고 세계적인 가스펠 가수로 성공한 것은 긍정적 자기 상담이 인간의 삶을 어떻게 변화시키는지 보여 주는 사례이다. 자신을 이겨 내는 힘이 셀프리더십이다.

셀프리더십으로 긍정적 생각과 기대를 열정으로 꾸준한 노력

긍정의 힘! 셀프리더십!

을 하게 하는 힘이 긍정의 힘이다.

저자 본인도 리더십 학습을 통해서 긍정적 사고와 긍정의 힘을 얻을 수 있게 된 것이 큰 소득이었다.

어떤 어려운 임무와 환경에 만나더라도 희망과 용기를 잃지 않고 꾸준히 목표를 향해 왔던 것이 바로 리더십 공부에서 비롯된 '긍정의 힘'이었지 않나 생각한다. 지금 생각해 보니 육군대학 리더십 워크숍을 수료한 이후 자연스럽게 '긍정형 리더십'으로 생각과 습관이 바뀌었지 않나 싶다.

'늦지 않다, 하면 된다, 목표 설정, 포기는 없다.'

바로 이러한 긍정의 사다리를 생각하고 희망을 가짐으로써 긍정의 힘이 생기더라는 것이다. 현역에서 전역한 후에도 변함이 없고 긍정형 리더십 분야를 자신 있게 강조할 수 있어서 너무나 감사하게 생각한다. 아직도 나 본인의 부족한 리더십 역량을 보완하고 연마하면서 계속 공부하고 있다.

리더십 공부는 자기 자신을 꾸준히 진단하고 부족한 역량을 채워 가면서, 자기 신뢰에 자신감이 키워져서 대인관계에 당당해지는 데 동력이 되어 준 것 같다. 특히 부대를 관리하고 전투력을 강화해야 하는 군 조직의 모든 간부들은 탁월한 리더십이 요구되는 임무를 수행하기 때문에, 언제 어떠한 상황에서라도 즉각 대응할 수 있는 능력을 갖추기 위해서는 한시라도 멈추지 않고 끊임없이 리더십을 개발해야 한다. 그리고 리더십 개발은 자율적, 창의적 임무완수를 가능하게 하는 자신감과 잠재역량을 만들어 준다는 점에서 임무형 지휘와 불가분의 관계가 있다고 생각한다.

이러한 점에서 본인은 지금까지 관심 가져 온 리더십과, 그동안 근무해 오면서 느꼈던 체험을 '임무형 지휘'와 관련하여 긍정형 리더십을 강조해 왔다.

| 임무형 지휘

육군에서는 21세기 지상전에서 승리할 수 있는 지휘개념 정립을 위해 1998년도에 '임무형 지휘'에 대한 연구를 시작하여 그 다음 연도에 전군에 적용하기 시작했다. 그 당시 일반적인 지휘통솔 개념은 있었으나 공감이 형성된 지휘개념으로서는 부족하여 효율성을 도모할 수 있는 지휘개념이 요구되었기 때문이다.

지휘환경과 장병 의식성향 변화를 수용한 새로운 지휘개념이 필요하게 된 것이다. 군사 과학기술의 발달로 전투력 운용이 통합되어야 하고 전투 장비의 자주화 및 공중 기동화로 작전템포가 고속화되다 보니, 분권화 지휘가 필수적이고 실시간 상황조치 능력이 필요하게 되었다. 즉 권한을 어느 정도 위임하여 임무수행 부대의 자율적이고 창의적인 지휘가 필요한 것이다. 장병 의식성향 면에서도 많은 변화를 수용할 수밖에 없는 환경이다. 자유로운 개인 의사표현, 자기중심적인 자아의식, 권위주의적 통제에 대한 강한 거부감 등 개성을 존중하고 부하의 입장을 고려하는 효과적인 지휘가 필요하게 된 것이다. 연구 결과 육군에서는 임무형 지휘를 이렇게 정리하였다.

> "임무형 지휘란 시시각각으로 변화하는 현장상황에서
> 신속하고 능동적으로 대처하기 위해 부하가 지휘관 의도를
> 기초로 주도적으로 임무를 수행하는 지휘유형이다."
> – 육군본부, 임무형 지휘, 2006

임무형 지휘 보장을 위해 지휘관은 부하에게 임무와 지휘의도를 명확히 제시하고, 자원과 수단을 제공하며 임무수행 방법은 최대한 위임해야 한다. 그리고 부하는 자율적이고 창의적, 적극적으로 임무를 수행해야 하는 개념이다. 이러한 임무형 지휘의 기본요건은 우선 전문성이 구비되어야 하고, 상·하급자 간 원활한 의사소통으로 신뢰가 유지되어야 하며 철저한 책임의식이 갖춰져야 한다. 그런데 아직도 부대마다 임무형 지휘 정착이 미진한 이유는 신뢰할 만한 소통의 리더십 부족에 있음을 꼽지 않을 수 없다.

그렇다면 장병 상호간 의사소통이 원활하지 못한 원인은 무엇일까?

가정에서나 친구끼리도 늘 소통의 불안한 요소가 있기 마련이어서 병영에서도 완벽한 의사소통이란 쉽지 않은 일이다. 그래도 병영의 의사소통이 기대수준에 못 미치고 있는 실정이기 때문에, 그 이유를 알아보면 다음과 같은 요소가 아직도 잠재되어

있지 않나 의심하지 않을 수 없다.

- 상급자 중심의 고정관념에 안주하여 박스(Box) 사고에 갇혀 있는 경향
- 과거 경험에 치중해서 자기 생각을 지나치게 강조하고 경청을 소홀히 하는 경향
- 지나친 우려로 불필요한 간섭과 중복된 지시로 권한 위임에 소극적인 경향
- 자기 눈높이로 자신의 창의성을 과신하는 경향
- 부하는, 상급자 지시에 충실한 것만으로 최선을 다하고 있다고 자만하는 경향
- 인간적인 존중, 배려 부족 등

이와 같은 소통의 저해 요인들은 지금까지 병영문화 개선, 리더십 세미나 등을 통해 반복해서 문제점으로 지적되었으면서도, 쉽게 개선되지 못하는 원인이 있다면 깊이 성찰해 봐야 한다.

| 긍정형 리더십 활성화

• **긍정형 리더십**

성공하는 사람들의 공통점은 기본자세가 긍정적이고, 비전이 있고, 열정이 뛰어나다는 점이다. 긍정적인 사람은 객관적 가치에 순응하면서 상대방의 입장에서 경청하는 사람이다. 그리고 믿음과 자신감으로 비전과 목표를 설정하고 바쁘게 열정적으로 살아가는 사람이다. 긍정적인 생각과 말과 행동은 희망과 용

긍정의 힘! 셀프리더십!

기가 포함되므로 다른 사람으로부터 신뢰를 받기 때문에 긍정의 힘을 얻는다. 이러한 긍정의 힘은 기회가 왔을 때 큰 시너지를 만들어 성과를 창출하게 된다.

스포츠 경기의 한 사례를 인용해 본다면,

근년에 있었던 프로야구 경기에서 ○○구단이 11년 만에 포스트시즌에 진출할 수 있었다. 그 동력은 감독과 선수단의 긍정적 마인드에서 비롯된 것이라고 전문가들은 평가했다. 그동안의 패배주의를 이겨 내고 '할 수 있다'는 분명한 목표를 정하고 감독과 코치, 고참 선수단의 솔선수범으로 굳은 화합을 만들었기 때문에 모래알 조직력을 찰떡같은 한 덩어리로 진화시켜 신바람을 일으킨 것이다.

희망과 신바람은 결국 목표를 이루어 내고 만다.

군에서 강조하고 있는 긍정형 리더십 실천운동은 임무형 지휘를 저해하고 있는 소통의 문제에 대하여 마주한 장애물을 한 단계 뛰어넘기 위한 또 하나의 문화혁명이라 할 수 있다. 과거의 부정적 사고에서 긍정적 사고로 전환하여 장병들의 자발적 헌신을 끌어내기 위한 패러다임의 전환이다.

긍정형 리더십이란 마음, 말, 행동을 부정적 접근방식에서
긍정적 접근방식으로 전환하여 구성원들의 창의성과 자율성을
최대한 발휘하게 하고, 임무완수에 전력투구하게 하는 리더십이다
– 육군본부, 긍정형 리더십, 2012

긍정형 리더십 실천운동이 전 군적으로 부대별 토론과 세미나를 통해 여러 가지 실천방안을 교육하면서 실행되고 있고, 많은 변화가 일어나고 있음은 퍽 다행스러운 일이다.

• 소통의 리더십 강화

구성원들로 하여금 긍정적인 접근방식으로 생각하고 행동하게 하는 것은 리더에 대한 신뢰와 믿음의 바탕이 먼저 만들어진 뒤에 가능하다. 신뢰와 믿음이 쌓이게 하려면 자유로운 소통, 즉 대화의 문이 먼저 열려야 한다. 상급자의 소통 리더십이 우선 갖춰져야 한다는 것이다.

원활한 소통이 되기 위해서는 리더의 올바른 영향력이 필요한데, 직책 영향력보다는 개인 영향력에 의해 신뢰를 확산시켜 나가는 것이 무엇보다 중요하다. 직위, 보상, 합법성 등에 의한 직책 영향력은 깊이 있는 공감력을 만들어 내지 못한다. 인격과 전문성에 기초한 개인 영향력으로 공감적 감동이 이루어질 수 있어야만 진정한 변화를 기대할 수 있다. 따라서 상하 신뢰를 바탕으로 한 대화의 문을 열 수 있도록 감동을 줄 수 있는 변화 방법은 무엇보다도 간부의 리더십 개발이라고 강조하고 싶다. 간부 리더십 개발 방법 중에서 중요한 것을 꼽으라면 먼저, 슈퍼 리더십(Super leader-ship) 개발이다.

슈퍼 리더십이란 부하에게 권한위임(Empowerment)을 통하여 자율과 책임역량을 개발시켜, 부하 모두를 자율 리더(Self leader)로

긍정의 힘! 셀프리더십!

육성하는 리더십이다. 이때 슈퍼 리더는 구성원들의 잠재력 개발을 지원하고 그들의 능력 발휘 기회를 제공하며, 본인이 리더십의 살아 있는 모델 역할을 할 수 있어야 한다.

다음은, 간부의 서번트 리더십(Servant leader-ship) 개발이다.

서번트 리더십이란 타인을 위한 봉사에 초점을 두며 조직 구성원, 고객 및 커뮤니티를 우선으로 여기고 그들의 욕구를 만족시키기 위해 헌신하는 리더십이다(그린리프, 서번트 리더십, 1977).

따라서 서번트 리더는 경청, 공감, 치유(Healing), 팀워크 등을 통해 진심으로 부하를 아끼고 봉사하며 부하 성장을 지원하여야 한다. 그리고 조직 구성원들이 서로 존중하며 봉사하는 진정한 공동체를 형성하는 데 앞장서야 한다. 구성원 모두가 자율 리더가 되고 서번트 리더가 되도록 간부들이 진정한 카리스마를 발휘한다면 부하들은 상급자를 신뢰하고 존경할 것이며, 대화의 문은 더욱 넓혀질 것이고 원활한 소통을 이루어 자발적 충성과 헌신으로 높은 성과와 강한 전투력을 창출할 수 있을 것이라 확신한다.

반말과 심한 욕설로 상급자의 권위를 내세우고, 또 그것을 기반으로 지휘하는 군대를 국민들은 원하지 않는다. 군이 계급으로 지배하던 수직적·권위적 리더십을 운운하던 시대는 지나갔다. 그러한 리더십 발휘의 결과는 무비판적이고 복지부동적인 구성원을 생산할 뿐이다. 이제 21세기 지식정보화 시대에 있어서 군의 리더십은 인간존중 리더십이어야 한다. 인간존중 리더십이야말로 구성원의 창의력을 일깨워 주고 자기 및 조직계발에 능동적으로 참여할 수 있도록 하며, 자발적으로 조직 목표달성을 위해 매진하게 한다. 리더는 전문성과 경험, 그리고 모범적인 리더상(像)으로 팔로워(혹은 부하)에게서 존경을 받아야 한다. 윽박지르고 긴장시켜서 억지로 존경하는 흉내를 내게 만드는 것은 진정한 충성을 이끌어 내지도 못하고, 극한 상황에서 자발적 참여의 잠재력을 발휘할 수도 없다.

리더는 부하로부터 자발적 헌신을 유도하기 위해서 감동적 메시지를 전달하는 방법을 통해서 마음을 움직이고, 과업과 훈련에 적극적으로 참여하게 해서 강한 훈련으로 전투기술이 연마된 강한 군대를 만들어야 한다.

임진왜란 시 이순신 장군이 보여준 강한 군대는 스스로의 의지에 의한 의병들로 이뤄진 군대이지, 병정놀이에 쓰이는 꼭두각시 병정들로 이루어진 군대가 아니라는 점을 명심해야 할 것이다. 새로운 리더십 문화를 정착시키기 위한 육군의 노력은 단순히 부대의 무사고, 또는 좀 더 편한 병영생활을 목표로 하는 것이 아니다.

군사력 운용의 중심과 최종 해결사로서 군은 서로를 존중하며 배려하고 지원하는 공동체 조직의 완성을 통해 강한 전투력을 이끌어 낼 것이다. 21세기 군의 리더십 문화는 강제나 보상을 전제로 하는 것이 아닌, 스스로 좋아서 따라오고 스스로 좋아서

긍정의 힘! 셀프리더십!

자신의 행동이나 생각을 리더와 조직의 요구에 맞추어 변화시키도록 하는 것이다. 이러한 리더십 발휘로 얻어진 높은 사기와 열린 문화는 육군의 전 장병에게 자부심을 고취시키고, 국민들에게 신뢰를 진작시켜 궁극적으로 강한 군을 만들어 가리라 확신한다.

• 위풍당당 운동

몇 년 전 육군이 병영문화 혁신을 위해 온 힘을 기울일 때, 나는 전방 지휘관으로 근무하면서 당시 어떻게 하면 병영문화의 혁신을 선도해 볼 수 있을까를 고민하다가, 부대 간부들과 논의를 거쳐 당당한 부대를 만들기 위한 '위풍당당 운동'을 전개한 바 있다.

상급자로부터 먼저 '위하는 마음'을 행동으로 실천하면 우리 모두가 풍요롭고 밝은 병영이 될 것이고 이런 가운데 어떤 임무도 당당하게 수행할 수 있는 부대가 될 수 있다고 결의를 하고 실천에 옮겨서 많은 성과를 거두었다.

"나는 해야 한다. 그러므로 나는 할 수 있다." 독일의 철학자 임마누엘 칸트의 말이다. 인류 문명이 발전해 온 것은 '아니다'라는 부정보다는 '그러하다'라는 긍정이 더 강했기 때문이다. 긍정적인 사람은 '할 수 있다'라는 밝은 기운과 자신감이 충만해 현재를 감사하게 생각하며 매사에 적극적으로 행동한다. 지휘관부터 '감사하다'라는 표현을 자주 사용하면 긍정의 기운을 함께 나

뭐 갖게 되고, 부하들은 힘들고 싫은 일도 즐겁게 하고 능동적으로 동참하게 된다. 리더가 먼저 긍정적으로 생각하고 적극적으로 행동하면 조직이 역동적으로 변한다.

부대의 각종 실천운동은 지휘관과 상급자의 성실한 참여와 정성이 없으면 공감대 확산이 어렵다. 다행히 본인이 근무하던 부대는 부하 지휘관 및 참모들의 긍정적인 열성과 구성원들의 적극적 참여로 큰 성과를 거두었다. 조그만 의사소통 문화부터 구체적으로 실천하다 보니 막힌 곳이 뚫리기 시작하고, 어두운 곳이 환해지는 모습을 체감할 수 있었다. 차츰 간부들 모두가 원칙 중심의 패러다임으로 변하기 시작했고 자발적으로 서번트 리더십을 행동화하기에 이르러 자타가 공인하는 병영문화 혁신 우수부대로 표창도 받게 되었다. 당당한 부대모습으로 평가를 받고 임기를 마치게 되어 큰 보람을 느낀다. 돌이켜 보건대, 나의 지휘관 시절은 '리더십' 즉 '상대방의 마음을 움직이게 하는 영향력'을 깨닫는 좋은 체험이었다.

오랫동안 우리 육군에서도 임무형 지휘 스타일의 장점을 분석하여 업무수행 효율화를 도모하기 위해 임무형 지휘의 필요성을 강조하고 있다. 자율, 창의, 책임을 지는 지휘가 필요하기 때문이다. 이를 활성화하기 위해서는 간부 리더십 역량 개발 및 자율적 부대훈련 여건이 요구되므로 여기에 뒷받침되는 리더십의 부단한 수련이 필요하다고 생각한다. 높은 인격과 훌륭한 인성이

긍정의 힘! 셀프리더십!

간부의 진정한 카리스마이므로, 부대 관리보다 자기 다스림(修身)이 우선이다. 구성원 모두의 자발적 헌신과 열정을 끄집어내기 위해 간부는 하루라도 몸과 마음가짐이 흐트러져서는 안 될 것이다.

긍정형 리더십의 활성화로 임무형 지휘가 조속히 정착화되기를 기대해 본다.

리더십센터장 (2008년 10월)

Vision - NQ ·

· 운동전개

          ·

　육군 교육사에서는 개인 및 특정집단만의 이익 창출을 목적으로 하지 않는 군조직의 특수성을 고려하여, 과거부터 리더와 조직 구성원과의 상호관계를 다루는 지휘통솔, 리더십을 중심으로 소프트파워의 강화를 위한 연구를 지속적으로 해 왔다. 과거 우리 군의 소프트파워 관련 연구는 상관이 부여된 권한과 책임을 바탕으로 부하들에게 영향력을 행사하여 어떻게 하면 효과적으로 업무를 완수하고 부대발전을 도모할 것인가 하는 지휘통솔에 중점을 두었지만, 최근의 각종 연구 결과들을 보면 리더가 부하에게 발휘하는 지휘통솔뿐만 아니라, 상관에 대한 팔로워십, 동료를 향한 파트너쉽과 기타 인간관계까지 모두 포함하는 개념으로 확장되어 연구되고 있음을 알 수 있다.

긍정의 힘! 셀프리더십!

최근 몇 년 사이에 군의 내내적 열량강화를 위한 패러다임이 급격하게 변한 이유는 일방향적 지휘통솔만으로는 군조직 목표를 달성하기 어렵다고 보았기 때문이다. 내외의 환경변화가 이와 같은 결과를 초래하였다고 생각한다.

V-NQ운동은 이러한 환경변화에 대응하여 군 구성원의 특징을 고려한 공동체 정신의 구현을 위한 교육 사령부의 실천운동이다.

사람의 능력을 측정하는 여러가지 지표 즉, 지능지수(IQ), 감성지수(EQ), 도덕지수(MQ) 등은 개인의 능력에 관점을 두는 반면에 공존지수(NQ), 사회지수(SQ)는 다른 사람과의 네트워크 활성화를 나타내는 지수로서 남을 먼저 배려하고 존중하는 것이 개인과 공동체 발전에 도움이 된다는 개념이다. V는 Vision의 약자로써 '공동체가 지향하는 목표'라는 의미를 두었으며, 'V-NQ'운동의 용어의미는 '공동체의식으로 다져진 끈끈한 팀웍을 통해 튼튼하고 아름다운 공동체를 이루기 위한 운동'으로 장병들이 계기가 되어서 사회교육운동으로 확대되길 기대하면서 시행하였다.

사령관 이OO 장군이 적극적으로 앞장서서 군문화 혁신 차원에서 리더십 센터와 사령부 전 부서가 참가하여 운동을 전개하였다.

V-NQ운동의 시행 방향은 팀웍 극대화, 동료간 상호보완적 협동, 국민통합에 기여하는 국민교육 도장으로서의 역학수행에

두었다.

적용방법은 리더십 워크숍, 소부대단위 팀웍집체교육으로 시행하였으며 교육프로그램은 리더십 교관에 의해서 8-16시간의 강의 및 실습으로 3부로 나누어 진행하였다.

1부에서는 마음의 장으로 모두의 마음을 열게 하는 내용이고, 2부에서는 변화의 장으로 패러다임 전환과 자기혁신, 3부에서는 화합의 장으로 팀웍주축과 나의 다짐에 관한 프로그램으로 높은 호응 속에서 활발하게 진행되었다.

각 특기별 학교기관과 훈련장, 병영생활관까지 확대되어 서로를 위해 주고 배려하는 협동과 단결된 모습의 보기 좋은 성과가 나타났다.

이러한 성과가 알려지면서 군인가족, 대전지역 대학교 교직원, 대전광역시 공무원 교육원 등 대외기관에도 V-NQ리더십 교육을 지원하였으며 전후방 각부대에도 교관을 파견하여 강사를 양성하고 V-NQ 리더십 프로그램을 전파하여 선진번영문화 구축과 소프트 파워를 키우는 데 크게 기여하였다. 본인이 임진강 부대에서 전개했던 '위풍당당 운동'은 야전부대 병영 내부의 문화혁신이었다면, V-NQ운동은 더 큰 무대를 대상으로 국민통합에 기여하는 공동체의식 고양 성과를 얻을 수 있었다고 본다. 둘다 리더의 인간중심 셀프리더십과 서번트리더십, 능동적 팔로워십을 공동체 중심으로 활성화해 나가는 것으로서, 이 운동들이 지속적으로 확대될 수 있기를 기대한다.

긍정의 힘! 셀프리더십!

칠전팔기(七顚八起)의 ·

· 셀프리더십(사례)

·

| 단독요트 무지원하 세계일주 성공

다큐멘터리 PD겸 모험가인 김승진(58) 선장이 세계에서 6번째로 단독 3무(無) 요트 세계일주에 성공했다.

'3무'는 무동력, 무기항, 무원조를 말한다. 2014년 10월 19일 충남 당진의 작은 항구 왜목항에서 요트 한 대가 많은 사람들의 환호 속에서 출항, 적도를 건너 '바다의 에베레스트'라는 남미의 최남단 케이프 혼과 남아공 희망봉, 인도네시아 순다해협을 거쳐 41,900km를 항해했다. 2015년 5월 16일 항해 209일만에 건강한 모습으로 왜목항에 돌아왔다.

우리나라 최초, 세계에서도 6번째 성공이라고 해양수산부가 밝혔다. 오직 바람의 힘으로, 항구에 정박하지 않고, 식량 보급 등 아무 지원 없이 홀로 지구를 돌아야 인정되는 대기록이다. 항해를 마친 후 그는 "버리지 못하면 떠날 수 없습니다. 툭툭 털어 버리고, 가장 값어치 있는 일에 몸과 마음을 던지세요.", "앞으로 더 겸손해지고 나누는 삶을 살겠다"는 말을 남겼다.

어려서부터 아웃도어 활동을 좋아했던 김승진 선장. 다큐멘터리 일을 하면서 30대부터 요트에 대한 열망을 가지고 세계일주를 꿈꾸었다고 한다. 실패도 있었지만 숱한 경험을 바탕으로 꿈을 이루기 위해 항해 중에 있을 모든 역경(태풍, 고장, 해적, 건강)등에 대해 치밀한 대비와 정신무장을 구비하였기에 성공하였다고 생각된다. 실제로 항해 중에 두차례 태풍과 요트고장, 해적의 위협, 정신적 방황 등 많은 난관이 있었지만 긍정적 신념과 목표, 열정, 도전정신 등 철저한 준비가 있었기에 자기자신을 이겨 내고 진정한 프로로 성공했다고 볼 수 있다.

| 올림픽 금메달 선수

2008 베이징 올림픽이 개막되었을 때, 첫 번째 금메달을 안겨 준 유도의 최민호 선수와 수영의 박태환 선수의 휴먼스토리는 지금도 우리들에게 깊은 감동으로 남아 있다. 두 선수 모두가 어려운 형편과 여건을 극복하면서 실패와 좌절을 이겨 낸 인간 승리의

긍정의 힘! 셀프리더십!

표본이었기에 우리들에게 더욱 신선하고 희망적인 낭보였다. 박태환 선수는 수영 자유형에서 체격과 체력이 우세한 백인들의 독무대에 뛰어들어 당당하게 역사적인 금메달을 따낸 것이다.

그는 학교시절 수영강습비를 내기 어려울 만큼 형편이 안 좋았고, 지난 2004년 아테네 올림픽에서는 자유형 400m 예선에서 부정출발로 퇴장당해 상당기간 좌절을 겪어야 했지만 세계정상급을 향해 외로운 훈련에 전력투구했다.

최민호 선수는 당시 올림픽 출전 5경기 내내 한판승을 거두며 우승한 뒤 눈물을 펑펑 쏟았다. 그도 지난 아테네 올림픽에서 무리한 체중조절로 동메달에 그친 뒤 한동안 좌절에 빠져 방황하다가 올림픽 금메달을 목표로 하루하루를 지옥 같은 훈련과 눈물로 보내왔기에 그동안 겪었던 좌절과 방황의 회한을 한꺼번에 눈물로 쏟아 낸 것으로 보인다. 이 두 선수들은 동료들이 독종이라고 부를 만큼 자신과의 끊임없는 투쟁으로 '대박' 금메달을 만들어 냈다.

이와 같이 실패를 거듭해도 결코 포기하거나 굴하지 않는 칠전팔기(七顚八起)로 분투 노력하는 자는 반드시 성공한다. 성공적으로 가는 길은 결국 자기 자신과의 싸움이다.

1974년 홍수환 선수가 카라스키야와 권투시합 2회전에서 4번이나 다운당하고도 3회전에서 역전 KO승으로 페더급 챔피언이 됐을 때 '4전 5기의 신화'라고 세상을 놀라게 했던 적이 있다.

우리는 살아가면서 누구나가 어려운 환경과 실패의 위기를 거치게 된다. 어려운 좌절의 순간들을 이겨 낼 수 있는 것은 남의 도움도 필요하지만 나의 생각과 태도에 결정적인 성과가 달려 있다. 우선, 긍정적인 생각으로 '할 수 있다'라는 자신감을 살리고, 그리고 적극적인 태도로 목표를 새롭게 하여 희망과 용기를 만들어 가야 한다. 성공하는 리더들을 보면 끝(목표)을 보면서 자신의 삶을 주도해 나간 사람들이다. 무엇이든지 '할 수 있다'라고 생각하는 사람은 자신의 잠재력을 끌어내어 큰 에너지를 발휘하게 된다.

박태환 선수는 5살 때 기관지염 때문에 천식에 좋다는 수영을 시작한 연약한 꼬마였으나 우여곡절의 고난을 이기고 한국의 수영 역사를 새로 쓴 것이다.

최민호 선수도 고1 때 집안사정이 어려워 운동을 시작하여 내내 3등의 설움과 정신적인 배고픔을 딛고 새로운 목표를 향해 뛰었기에 금메달의 승리를 쟁취했다.

현재 어렵다고 생각하는 사람들이여!

고난과 실패의 아픔을 딛고 백절불굴의 투지로 올림픽 금메달을 획득한 최민호와 박태환 선수처럼, 칠전팔기(七顚八起)의 리더십으로 새로운 목표를 정해 놓고 끊임없이 자기를 변화시키면서 희망과 용기의 배를 저어 갑시다.

| 세계적인 축구스타 손흥민 선수

손흥민 선수의 몸값이 세계적인 슈퍼스타 크리스티아누 호날두(유벤투스)를 넘어섰다는 최근 평가가 나왔다. 유럽축구 이적시장 전문매체에서 손흥민의 예상 이적료를 850억으로 책정했다는 최근 뉴스를 보면서 다시 한번 놀란다.

그는 차범근, 박지성에 이어 한국을 대표하는 스타 축구선수이고, 전 세계에 이름을 알린 자랑스러운 한국인이다. 양보가 미덕인 한국문화와 달리, 골에 대한 욕심을 여과 없이 드러내며 자기감정을 표현하는 데도 거침이 없다. 타국에서 다른 문화권의 선수와도 친화력이 뛰어나며 큰 경기에서도 긴장하지 않고 오히려 맹활약을 펼치고 있다. 축구선수 출신인 아버지의 엄격하고 헌신적인 지도로 유소년축구 시스템에 의존하지 않고 독자적인 방식으로 훈련시켰다고 한다.

철저하게 기본기를 숙달했기에 독일 함부르크에 스카우트되어 선진축구를 접할 수 있었다. 어려서부터 승부에 연연하지 않은 자유분방한 분위기 속에 축구 자체를 즐길 수 있었던 것이 손흥민의 특별함이라고 한다. 불가능하리란 꿈을 꾸는 것도 의미가 있음을 몸소 보여 주고 있다. 어떤 두려움도 없이 높은 벽을 뛰어넘는 뜨거운 열정과 노력에 진심으로 박수를 보낸다.

아시아의 넘버원 공격수, 세계적인 공격수, 만점짜리 날카로운 드리블과 좌우 양발에서 나오는 정교한 슛으로 상대를 끊임없이 위협, 토트넘에서 공격의 기둥, 손의 최대무기는 스피드를 바탕으로 한 드리블과 골 결정력, 아직도 성장하고 있는 진행형 레전드 등 셀 수 없는 찬사가 계속 쏟아지고 있다. 축구의 역사를 새로 쓰고 있다.

축구밖에 모르는 바보 손흥민! 그는 끊임없는 투쟁과 도전 끝에 꿈을 이룬 청년이다.

취업의 문이 높아진 현실 속에서 많은 청년들에게 용기와 희망의 표상이 되고 있다.

: 강한 조직은 화이부동(和而不同)해야
: 국립대학 교수에 임명되다
: 대학생 리더십 과목 수업
: 평생교육원 리더십 강사
: 원격교육 평생교육원 리더십 강사
: 예비군 안보교육 강사

대학교수로
새로운 출발

강한 조직은 ·

· 화이부동(和而不同)해야

육군리더십 센터장 보직을 마지막으로 군 생활 36년을 마감하고 2009년 1월 말 명예롭게 전역하였다. 지나간 군 생활의 어려웠던 순간들을 그나마 잘 극복하고 이겨 낼 수 있었던 것은 대체로 긍정적인 생활패턴과 셀프리더십에 관심을 많이 두었기 때문이 아닌가 싶다. 긴 군 생활을 마감한 소감은 '감사' '자유'라는 두 단어로 표현하고 싶다.

전라도 골짜기 방장산 자락에서 태어나 육사를 졸업하여 기나긴 직업군인의 소명을 완수하고, 건강하게 명예로운 전역을 하기까지는 혼자만의 힘으로 되는 것이 아니었다. 감사해야 할 대상이 너무 많았다. 그리고 군 생활 시작부터 마지막까지의 전체 시간이 통제의 연속이었으므로, 전역하면서 군복을 벗는 순간 비로소 어깨가 가볍고 날아갈 듯 가벼움을 느꼈다. 자유를 외치

긍정의 힘! 셀프리더십!

고 싶었다.

　한편으로는 못다 한 아쉬움을 느끼면서, 사회적 책임감은 계속 이어질 것이라는 생각이 들었다. 그래서 전역의 아쉬움을 달래기 위해 전역하면서 만들었던 것이 있다. 한 권의 책, 책의 제목은『군 생활을 너의 황금기로 만들어라』이다.

　후배 간부들과 입대하는 청년들에게 내가 못다 한 희망의 메시지를 남기고 싶은 내용을 요약한 것이다. 행복한 리더는 자신을 갈고 닦는 일에 매진하여 좋은 성품을 갖추기 때문에 다른 사람들로부터 인정을 받으며, 타인에게 좋은 영향력을 발휘한다. 이 책에서는 군에서 배우고 깨우칠 수 있는 여러 가지 태도나 가치에 대한 내용들을 다루었는데, 결국 이것은 행복한 리더가 되는 길에 대한 설명이다.

　주도적인 삶을 살았던 성공한 리더들은 먼저 자신과 싸워 이겨야 한다고 강조한다. 바로 자기혁신이다. 다른 사람에게 영향력을 행사하기에 앞서 다른 사람이 신뢰하고 따를 수 있는 인격을 갖춘 사람이 되어야 한다.

　군대는 죄인을 가두는 감옥이 아니고, 심신을 단련시켜서 국가관을 확립하고 국가와 국민을 보호하는 신성한 국민 교육도장이다. 통제를 인내하며 열정을 가지고 헌신하는 법을 배우고 공동체의식을 체험하는 곳이므로, 능동적으로 참여하는 자는 긍정의 힘을 축적해서 인생을 성공으로 이끌어 갈 수 있는 용기와 희망을 체득할 수 있다고 강조하고 싶다. 청년들이 좀 더 일찍 비전을 생각하고 목표를 구체화해서, 바람직한 가치관과 습관을 갖게 된다면 얼마나 소중한 밑거름인가?

군의 후배들이 화이부동(和而不同)으로 강한 군대를 만들어 가길 기대해 본다. [첨부]

전역 (2009년 1월)

긍정의 힘! 셀프리더십!

강한군대는 화이부동(和而不同)해야

(국방일보 기고 2010.12.13.)

子曰 "君子 和而不同, 小人 同而不和(군자 화이부동, 소인 동이불화)". "군자는 다른 사람의 의견을 존중하여 화합을 만들고, 소인은 소신과 주관이 없어 화합을 만들지 못한다"는 말이다. 강한 조직은 조직원 모두가 서로의 차이점을 인정하고 존중하면서 소통이 원활하기 때문에 강한 힘을 발휘한다. 상대를 인정하고 배려할 때 화합도 가능해진다. 다양성 존중과 진정한 화합이 절실히 요구되는 이 시대에, 우리 군에서도 강한 군대가 되기 위해서는 전 장병 모두가 국방의 주인이 되어 자발적인 충성심으로 뭉쳐야 한다. 나는 상급자 또는 하급자와 소통이 잘되는지? 혹시 일방향 소통은 아닌지 되돌아봐야 한다. 쌍방향 소통이 잘되는 진정한 화합이 이루어진 다음에 전 장병이 부대의 주인이 될 수 있고, 사명감과 군인정신도 강화될 수 있다.

강한 군대를 이루는 요소로는 첨단무기와 전투기술 연마도 중요하지만 더 중요한 것은 자발적인 충성심으로 뭉쳐진 정신력이다. 강한 정신력이 길러지려면 상급자의 신뢰받는 리더십이 우선 필요하다. 리더의 품격과 전문성, 도덕성이라고 할 수 있다.

바람직한 리더는 원칙 중심과 인간 중심의 리더십으로 본보기를 보여 줘야 향기가 난다.

말을 지나치게 많이 하면서 반복 강조하는 상급자보다, 잘 들어 주고 배려하면서 강직하게 끌어 주는 리더를 부하들은 더 믿고 따르고 신뢰한다. 몇 년 전, 모 TV 방송에서 인기리에 방영된 〈남자의 자격 합창단〉에서 보여 준 박○○ 씨의 지휘는 멋진 하모니를 연출하여 시청자들에게 감동을 주었다. 가지각색의 아마추어 합창단원을 모집해 놓고 각자의 역할을 분담하여 자율과 책임을 부여함으로써, 개성과 특기가 모두 틀린 32명의 합창단원이 그야말로 소통이 잘되는 격조 있는 하모니를 만들게 한 것이다. 일방적으로 밀어붙여서 만들어진 작품은 순간적으로 빛날지 모르지만, 이런 작품은 구성원들의 자발적 동기가 없는 것이라서 감동을 주지는 못한다. 감동을 주는 것은 리더십에 달려 있다. 그래서 리더십은 영향력이라고 말한다. 영향력 발휘는 존경과 신뢰가 있어야 공감을 얻어 낼 수 있다.

따라서 리더십은 '나'의 문제이고 나의 생각과 태도와 행동을 변화시킬 때 올바른 영향력을 발휘할 수 있다.

자기 눈높이와 경험의 잣대를 지나치게 들이대는 것은 강요일 뿐이다. 환경과 구성원 능력을 고려하여 당당한 모습을 보여 줄 수 있는 자가 지혜로운 리더이다. 구성원 모두의 존중과 화합을 조성한 다음, 조직의 목표에 대한 긍정의 힘을 끌어내고 강한 전

긍정의 힘! 셀프리더십!

투기술을 요구해야 한다. 신세대 우리 장병들! 그대들은 정말 정직하고 우수한 저력을 가지고 있다. 교육수준도 과거 어느 때보다 최상위급이다. 그대들의 능동적 힘이 우리의 진정한 국방력이다. 그대들이야말로 우리 미래의 안보를 책임질 주력이다. 지금의 상황에서 '솔개의 자기혁신' 이야기가 우리에게 교훈을 준다.

솔개는 70년까지 살 수 있는 장수의 조류로 알려져 있다. 솔개가 40년을 살면 부리, 발톱, 날개의 노화로 더 이상 생존을 버티기가 어려워진다. 이때 자기혁신을 위한 중요한 결심을 한다. 고통스러운 과정을 통해 새롭게 태어나기로 마음먹고, 먼저 부리를 바위에 쪼아 뽑아낸 뒤 새로운 부리가 돋아나게 하고, 차례로 발톱과 날개의 깃을 새것으로 갈아 치워서 새로운 모습으로 변신한다. 그리고 힘차게 하늘로 올라 30년의 수명을 더 누리게 되는 것이다.

우리도 필사즉생(必死則生)의 정신무장, 위풍당당한 리더십으로 진정한 평화를 뒷받침하는 강한 군대로 만들어 갑시다.

국립대학 교수에 ·

· 임명되다

·

군에서 전역을 한 후에 자유로운 몸이 되면 제일 먼저 가 보고 싶은 곳이 있었다.

백두산이었다. 그동안 줄기차게 친교해 온 고교 학창시절 친구 몇 명이 자주 여행을 가는데, 나는 군에 매여 있다는 이유로 먼 여행에는 함께하지 못했지만 이제는 가능하겠다 싶어 백두산 여행을 제의했다. 백두산 천지를 바라보며 지나온 과거에 감사하면서 미래의 삶에 대한 새로운 기운을 받고 싶었다. 하느님이 보우하사 아름다운 강산에서 이제까지 자유와 평화를 누리며 제 할 일에 순명하면서 열심히 살아왔는데, 앞으로는 어떻게 살아야 하나? 더욱 감사하는 마음으로 품위를 지켜 가겠다고 다짐했다.

오래전부터, 내가 군 생활을 마치면 무엇을 할까?하는 생각을 했었다. 이젠 쉬면서 보내야지 하면서도 무슨 일이든 일을 해야

186 긍정의 힘! 셀프리더십!

지 '그냥 소일해서는 안 된다'라는 생각이 자주 떠올랐다. 그러면서 대학교에서 근무해 봤으면 좋겠다는 소망을 늘 갖고 있었다. 그런데 그 꿈이 이루어졌다.

운이 좋았는지 대전에 있는 국립대학 한밭대학교에 안보학 교수로 공개 채용되었다. 모집공고를 보고 소정의 구비서류를 제출한 뒤에 강의테스트, 면접의 과정을 거쳐서 합격통지를 받고 임명장을 받는 순간 벅찬 감동이 느껴졌다. 지금까지 살아오면서 '하면 된다'라는 긍정적 습관의 커다란 선물을 받는 느낌이었다. 평소 준비는 조금씩 해 왔다고는 하지만 큰 행운이었고, 내 인생에 있어서 네 번째 성공이라고 말하고 싶다.

사관학교를 다니면서 대학생활의 맛은 경험했지만 엄격한 규율 속에서 군사훈련을 겸한 학사과정이었으므로, 꼭 한번 일반대학의 캠퍼스 생활을 해 보고 싶었던 꿈! 현실이 되었다. 과거 상무대에서 군사학 교관을 하면서 야간에 전남대학교 경영대학원 석사과정을 이수할 때부터 언젠가 대학교수를 해 보고 싶다는 희망을 가지고 있었다. 상무대에서 일과 후 야간시간 틈을 내서 석사과정 공부를 했던 것이 지금의 큰 선물을 받는 데 큰 도움이 되었다고 생각된다.

늘 생각하고 믿으면서 차근차근 준비했기 때문에 소망이 이루어진 것이라고 본다.

긍정의 사다리를 믿고 꾸준히 걷고 올라온 결과의 선물이라고 믿고 싶다.

군 생활을 마치면서 군 관사를 떠나 계룡산 자락 일반 아파트로 이사를 왔다. 그동안 군의 울타리 안에서만 거주하다가, 처음으로 자유로운 민간 거주지에서 살아 본다.

여기 거주지에서 가까운 곳 유성에 있는 대학으로 출근을 한다니 너무나 감사한 일이었다.

학교에서 배정받은 과목은 '리더십' '안보학'이었다. 그동안 군에서 체험했고 공부해 왔던 자료로 강의를 충분히 소화할 수 있어 보였다.

너무나 기대했던 2012년도 1학기 수업이 시작되었다. 학생들과 만나는 순간, 그야말로 희열이었다. 낭만의 캠퍼스, 학문의 전당인 대학 강단에서 청년 학생들에게 강의하고, 함께 공부한다는 이 모습은 나에게 새로운 세상이었다. 군에서 청년 장병들을 상대하다가 이제는 청년 대학생들을 상대하니, 옛날 학창시절로 돌아가는 느낌이었고 새로운 인생출발! 이것이 솔직한 소감이었다. 내가 무엇을 어떻게 강의해야 하는지 해답이 눈에 보였다. 지금까지 살아오면서 배우고 체험했던 사실들을 지혜로 엮어서 참된 인간교육을 시켜야겠다, 그리고 학생들로부터 배우고 공감하며, 함께 연구해야겠다고 다짐했다.

수업을 시작하면서 우리 학생들에게 먼저 세 가지를 당부했다. '긍정적인 학생, 꿈이 있는 학생, 인정받는 학생'이다.

대학생활을 성공하기 위해서는 마음의 문을 활짝 열고 '무엇이

긍정의 힘! 셀프리더십!

든지 마음먹기에 달려 있다'는 생각과 자신감을 가져야 한다. 마음먹기(Mind force)는 내 마음의 노폐물을 없애고 '할 수 있다'는 신념을 채우는 것이다. '내 인생도 꼭 풀릴 거야' '나도 대박 날 수 있어' '성공하는 날이 꼭 올 거야'라는 긍정에 초점을 맞춰서 긍정 에너지를 채우는 것이다. 긍정의 힘은 믿는 대로 된다는 것이다.

이러한 신념은 꿈을 갖게 한다. 기대를 가져라. 비전은 내가 원하는 그림이다. 스케치만 해 놔도 큰 희망이 생긴다. 스케치에 색감을 채우는 것은 어렵지 않다. 마음을 먹고 비전을 그렸는데 열정만 더하면 멋있는 그림이 완성된다. 나의 미래 모습을 기대하면서 희망을 잃지 않는다면 꾸준한 노력은 계속될 수 있다.

인정받기 위해서는 열정이 식으면 안 되므로, 자기 상담과 자발적 동기로 꾸준히 재충전을 해야 한다. 칭찬을 듣기 시작하면 계속해서 칭찬을 갈구하고, 칭찬이 쌓이면 인정받는 모습으로 꼭 이루어진다. 마음속의 노폐물을 계속 청소해서 부정의 찌꺼기가 끼어들지 않도록 마음공부가 늘 필요하다는 것!

이상의 세 가지가 대학생활에서의 첫걸음이라 생각하고 학생들에게 강조했다. 나도 제2의 인생의 출발점에서 학생들과 함께 마음공부를 시작하는 계기가 됐다.

그리고 학생들에게는 학업 중에 병역 문제가 하나의 큰 과제임을 알고 조언을 해 주고 싶었다.

군 입대를 앞둔 청년들이여! 군 생활을 황금기로 만들어 보라고 제언한다. [첨부]

군 입대를 앞둔 젊은이들이여!

(한밭대학교 대학신문 기고 2015. 5. 13)

군대에 끌려간다고? 군 생활은 졸병생활이 전부라고?

군 입대를 앞둔 젊은이들이여! 예정된 군 생활에 대해 부정적 부담을 버리고 긍정적으로 희망을 가지세요. 국군 체육부대 소속 상무 골프단 허인회 일병이 2015년 KPGA(한국 남자프로골프 대회) 개막전에서 우승했더군요. 곧이어 맹동섭 일병, 양지호 일병이 챌린지 투어에서 우승하는 장면이 뉴스에 나오더군요. 이 선수들에게 기자가 우승소감을 묻자 "수사불패(雖死不敗)의 정신으로 경기에 임해서 우승할 수 있었습니다. 군 입대 후 단체생활을 통해서 자신감이 생겼습니다. 충성!"이라고 답변하더군요. 자랑스러운 군인 선수들의 모습이었습니다.

축구 국가대표 이근호, 이정협이 보여줬던 군인다운 패기, 거수경례 골 세리머니에 우리 모두 많은 박수를 보냈고 믿음직스러워 보였지 않습니까?

군 생활은 희망을 가질 만합니다. 군대 갔다 온 선배들이 들려주는 힘들었다는 이야기만 듣고 군 생활을 부정적으로 판단하는 후배 학생들의 모습을 보면 안타까워요. 군 생활은 썩는 기간이

긍정의 힘! 셀프 리더십!

라고? 스스로를 파괴하는 엄청난 실수입니다.

　군 생활은 리더로서의 역량을 키우는 최상의 리더십 프로그램이라고 자신 있게 추천할 수 있습니다.

　나는 어려웠던 시절에 엄격한 사관학교 생도생활을 이겨 냈고, 32년간의 야전생활을 극복해 봤기 때문에 감히 자신 있게 이야기합니다. 군대는 계급사회, 단체생활, 훈련, 군인 복무규율 등 귀찮고 힘든 과정이긴 하지만 자신의 몸과 마음을 성숙시켜 주는 심신단련의 프로그램이고 진정한 교육도장이라고 말할 수 있습니다. 갈수록 경쟁이 치열해지고 급변하는 환경 속에서 자기 자신을 우선 다스릴 줄 아는 '자기통제력'이야말로 경쟁력의 가장 중요한 기본 아니겠습니까?

　그래서 리더십은 수기치인(修己治人)이라고 말합니다. 자기를 다스릴 줄 아는 사람이 다른 사람에게 좋은 영향력을 행사할 수 있다는 말이죠. 리더십은 인격과 실력을 갖추는 일입니다. 이것은 학생들의 사명이기도 합니다. 즉 리더십을 개발하는 일이 무엇보다도 중요하다는 말입니다.

　자신의 그릇을 우선 키우고 거기에 많은 실력을 담아야 인정받는 리더가 될 수 있습니다. 작은 그릇으로 많은 것을 채울 수가 없는 것이죠.

　군 입대를 앞두고 있는 젊은이들이여! 마음의 그릇을 키우는 데 군대는 또 하나의 대학입니다. 명예, 정직, 책임, 인내, 존중, 배려, 협동심 등을 배우고 익히는 수련기관입니다. 구체적으로 알아보면, 육군이 추구하는 5대 핵심가치는 충성 – 용기 – 책임 – 존중 –창의이고, 해군의 핵심가치는 명예 – 헌신 –용기, 공군의 핵심가치는 도전 – 헌신 – 전문성 –팀워크에 두고 군인을 양성하고 있습니다. 사회생활에 밑거름이 되는 필수 역량이 군에서 키워진다는 사실입니다.

그래서 "군에 갔다 와야 사람이 된다"는 말도 하는 것이죠. 군대에서 리더의 역량을 길러 온다고 할 수 있습니다. 지금 우리 사회는 40여 년 만에 산업화·민주화로 급성장하여 부강한 나라가 되었지만 많은 부작용으로 부정부패 현상이 연이어 드러나고 있습니다. 솔선수범의 인격과 헌신의 리더십이 절실히 요구되고 있습니다.

이제는 인맥의 네트워크만으로는 성공을 이룰 수 없습니다. 인간적이고 원칙 중심의 신뢰를 얻어야 성공할 수 있습니다.

군 입대를 앞둔 후배들이여! 군 생활을 황금기로 만들어 보시기 바랍니다.

마음먹기에 달려 있습니다. 꿈과 목표를 분명히 정하고 이를 달성하기 위한 핵심가치를 실행에 옮겨서 모두가 진정한 리더가 되시기를 기대합니다.

인문교양학부 초빙교수

류중은

긍정의 힘! 셀프 리더십!

백두산 탐사 (2011년 11월)

한밭대교수, 학생과함께 (2015년 3월)

제9장   대학교수로 새로운 출발

대학생 리더십 과목 •

• 수업

•

    대학생 리더십 강의(3학점) 수업은 학생 자신의 미래 비전을 설정하고 리더십 역량을 개발하는 데 목표를 정하고, 셀프리더십과 서번트 리더십에 중점을 두어 강의계획을 작성했다.[첨부]

    리더의 역할과 리더십의 영향력을 사례 위주로 보여 주면서, 본인의 리더십 수준을 스스로 진단해 보고 필요한 역량을 개발하도록 동기를 부여해 주고 싶었다.

    성공한 리더들 모두가 공통적으로 꿈, 비전, 목표, 열정, 소통, 인간관계의 신뢰, 동기부여, 구성원들과의 공감대 형성, 팀워크, 꾸준한 변화노력, 자기계발을 멈추지 않았다는 점을 학생들이 깨닫고 나의 강의에 공감해 주기를 기대했다. 다행히 열심히 따르고 공부해 줘서 얼마나 고마웠는지 모른다.

대학생 리더십 강의 진행

| 리더십이란 무엇인가?
- 환경변화와 리더십
- 리더십의 기본개념과 정의
- 성공을 위해 리더십이 왜 필요한가?

| 리더의 바람직한 특성은
- 리더십 이론 • 리더의 특성 • 리더의 행동

| 리더의 역할

| 리더십과 영향력

| 비전과 핵심가치
- 나의 비전은 무엇인가?
- 나의 비전을 실현하기 위한 핵심가치는?
- 10년 후 나는 어떤 모습일까?

| 임파워링 리더십(동기부여, 능력개발)

| 리더십 역량 개발
- 개인적 리더십 개발 역량(가치관, 긍정, 열정)
- 마음을 움직이는 기법 개발(소통, 배려, 인정)
- 사고의 전환 ⇨ 행동의 전환

| 성공한 사람들의 습관

평생교육원 ·

· 리더십 강사

·

군 생활을 마친 이후에 특별히 할 일이 정해지지 않으면, 평생
교육 분야에 참여하고 싶다는 생각을 진즉부터 갖고 있었다. 마
침 한밭대학교와 인연이 맺어져서 대학문화를 접했기 때문에 평
생교육원 문을 두드렸다. 내가 할 수 있는 교과과정을 문의했
더니 리더십 분야의 강좌를 맡을 수 있는 기회의 가능성이 열렸
다. 곧바로 강의지원서를 제출하고 일반 시민을 대상으로 하는
'CEO 리더십 아카데미'를 개설하여 학생모집에 홍보내용을 담
았다. 당돌한 시작이었다. 하지만 강의를 시작하게 되면 그동안
준비한 자료로 사회봉사도 하고, 내가 공부도 더 할 수 있게 되
면서, 전역 후 사회적응력도 길러질 것이란 기대 때문에 용기를
발휘했던 것이다.

강의 분량은 한 학기(15주)에 주당 2시간으로 야간시간을 정해

긍정의 힘! 셀프리더십!

서 직장인들이 참여할 수 있도록 했고, 일반인 누구라도 신청하도록 문을 열었다.

정보화시대가 발달하면서 어느 조직에서든지 고객감동을 위해 온갖 창의적 아이디어를 구하고 있으며, CEO는 물론이고 직원들 인성과 태도교육에도 큰 관심을 갖고 있다. 성과는 결국 사람에 달려 있다고 인식되어 있다. 그래서 리더십과 팔로워십도 주목받는 분야이다.

일반인 성인을 대상으로 강의경험은 거의 없지만, 원칙중심과 인간중심의 리더십을 강의하기에는 나 나름대로 상당한 감성 체험을 해 왔기 때문에 자신감이 있었다.

나부터 마음의 문을 열고, 낮은 자세로 서번트하는 모습을 보여야 했다. 상대방에게 눈높이를 맞추고 겸손한 자세로 임했다. 7Habits 모델링을 기억하면서 수업 진행을 준비했다. 강의 목표는 '인생 성공을 위한 변혁적 리더십 개발', 강의중점은 '긍정의 힘, 소통의 힘, 감성의 힘'에 두었다.[첨부]

제1기의 강의신청 지원자는 28명이었다. 기대 이상의 성황이었다. 주로 자영업이나 회사원들이었고 일부는 가정주부도 계셨다. 평생교육장 분위기는 다양한 직업인들이 참여하므로, 함께 대화하며 상호 간에 서로 다른 점을 배울 수 있는 좋은 기회도 되었다. 그래서 강의 첫 마디에 존이구동(尊異求同)을 강조했다. 서로 다른 점을 존중하면서 공통점을 넓히자는 의미이다. 원활한 대인관계와 다양한 정보자산을 얻기 위한 목적으로 참여하신 분들이 많았다. 대인관계의 성공은 타인에게 신뢰를 얻어 내는 리더십 역량에 달려 있으므로 모두가 적극적으로 수업에 참여해 주셨다.

3년간 6개기 100여 명을 수료하고 아쉽지만 아카데미를 종료하였다.

평생교육은 문이 활짝 열린 공간이어서 교양과 취미 등으로 삶의 질을 개선하는 데 누구에게라도 유익한 학습장임을 알게 되었다.

당시에 함께해 주셨던 학우 분들께 감사의 말씀을 전하고 싶다.

긍정의 힘! 셀프리더십!

CEO리더십 아카데미 진행
(한밭대학교 평생교육원)

| 목적 : 인생 성공을 위한 변혁적 리더십 개발

| 기간 : 15주간 / 매주 수요일 19~21시

| 장소 : 한밭대 평생교육원 311호

| 중점

- 긍정의 힘을 길러 나를 변화시킨다 (습관, 비전, 열정)
- 소통의 힘을 길러 관계를 개선한다 (배려, 경청, 상담)
- 감성의 힘을 길러 고객과 직원을 감동시킨다 (코칭, 동기부여)

| 진행: 한밭대 초빙교수 류중은 외 1명

| 진행 내용

- 1주   리더십 개관
- 2주   새로운 리더십 패러다임
- 3주   성공 리더십 모델
- 4주   성격유형 진단 / 차이점 사랑법
- 5주   한국형 에니어그램(Enneagram) (초빙강사)

- 6주 리더의 영향력
- 7주 긍정, 비전, 열정
- 8주 커뮤니케이션
- 9주 자기 혁신
- 10주 성공한 리더들의 습관
- 11주 코칭
- 12주 상담기법 (초빙강사)
- 13주 창조경영 사례
- 14주 마음을 움직이는 기법
- 15주 자기사명서 작성, 다짐

긍정의 힘! 셀프 리더십!

원격교육 ·

· 평생교육원 리더십 강사

·

    우연한 기회로 전라북도 전주시에 있는 '비전원격 평생교육원' 리더십 강사로 초빙을 받았다. 교육부로부터 정식 인증을 받은 원격 평생교육 기관으로서 21세기 경쟁력을 갖춘 인재양성과 100세 시대 평생학습사회 실현을 위해 앞장서고 있는 기관이다. 국가평생교육진흥원의 학점은행제 과목으로 인가를 받아서 학생 지원자들에게 사이버 원격교육으로 수업하는 곳인데, 여기서 강사 역할을 맡게 되었다.

    강사를 맡겨 주신 교육원 측에 우선 감사하게 생각하면서, 강사를 시작하기 위해 먼저 온라인교육 콘텐츠를 제작해야 한다고 해서 13주간의 강의내용을 준비했다(진재열, Total리더십 참조). 13개 주제로 편성해서 한 주제당 3교시로 나누어 강의계획서를 작성했다. 1교시에 20분 상당의 온라인 교육내용이 사전에 촬영되어야 하므로 세부 학습 진행계획을 수립하여 제출하고 난 다음, 2012년 무더운 여름철에 10여 일에 걸쳐서 먼 교육원까지 왕래하면서 39교시 분량의 콘텐츠 촬영 강의를 마쳤다. (강의주제 첨부)

평생교육과 마찬가지로 지금도 내가 할 수 있는 중요한 역할이라고 생각하니, 물론 힘든 과정을 거쳐 강의준비에 시달리긴 했어도 뿌듯하고 자랑스러운 일이었다. 수많은 수강생들이 시청할 것을 생각하니, 짧은 기간이지만 집중해서 공부하게 되고 정리해 볼 수 있는 유익한 기회였다.

강의 배당은 연간 6~7개 학급의 수강생 편성을 통보받게 되는데, 학급별로 강의가 시작되면 각 학급마다 학습 진행과정을 지켜보면서 학생들에게 격려인사, 시험평가, 과제평가, 종합평가 등을 하게 된다.

한 학급이 30~40명이며, 얼굴은 모르지만 학습 진행상황을 보면서 문자로 의사를 교환하고 학습을 지도한다. 대부분이 직업인이고 학생, 주부 등 다양한 수강생들이 바쁜 시간의 틈을 내서 열심히 공부하는 모습을 보면서, 백세인생 시대의 평생교육 현장이 각 개인의 삶의 질을 높이고 국력을 한층 업그레이드하고 있다는 생각이 들었다. 올해에도 7년 차 원격강의에 참여하고 있으며, 다양한 연령층의 많은 후배들에게 인성 분야 리더십 강의를 통해서 소중한 한몫을 하고 있다 생각하니, 이 또한 큰 보람이 아닐 수 없다. 토론이나 과제평가를 채점하다 보면 정말 열심히 살아가시는 분들임을 알 수 있다.

긍정의 힘! 셀프리더십!

지금 이 시간에도 자투리 시간을 이용해서 방송강의에 참여하고 계시는 학습자들에게 힘내시라고 응원하고 싶다. 나 스스로도 계속 공부를 하게 되어서 좋고, 수강생들에게 인격수양, 셀프 리더십, 서번트 리더십 배양에 도움을 주고 있다고 생각하니 너무나 감사하고 뿌듯한 느낌이 든다.

주 차	주 제	소 주 제
1	리더십의 개념, 역량	리더십의 정의, 역량, 가치관
2	윤리와 존중	윤리성, 헌신, 존중, 배려, 정직, 성실
3	신뢰와 경청	신뢰, 경청, 겸손
4	인격고양과 자기혁신	용서, 인격고양, 자기혁신
5	긍정과 열정	긍정, 열정, 솔선수범
6	영향력 발휘	자신감, 영향력, 팔로워십
7	구성원 리더십 개발	패러다임, 스트레스관리, 시간관리
8	변화관리, 갈등관리	직무전문성, 변화관리, 갈등관리
9	비전과 목표	피드백, 비전, 목표
10	의사소통	실패수용, 인정과 칭찬, 의사소통
11	동기유발, 멘토링	동기유발, 멘토링, 코칭
12	임파워먼트, 팀워크	임파워먼트, 인간관계, 팀워크증진
13	바람직한 리더상	의사결정, 리더상, 리더십 사례

예비군 ·

· 안보교육 강사

·

　'대한민국 성우회'라는 단체에서 시행하는 예비군 부대에 대한 국가 안보지원 교육이 있다. 성우회의 안보교육 강사 모집공고를 보고 나도 지원했다. 대학에서 안보학 교수도 하고 있기 때문에 기회가 되는 대로 청년 후배들의 교육현장에 참여하고 싶었기 때문이다.

　예비군 자원을 관리하는 전국의 각 지역별 부대의 예비군훈련장을 찾아가서 국가 안보교육을 시행하는 것이다. 현역지휘관이 실시하는 교육을 보충해서 예비역 전문강사를 참여시키는 국방부의 방침에 의해서 시행한다.

　1회에 50분 교육이라서 전달하고자 하는 내용을 짤막하고 조리 있게 잘 준비할 필요가 있다. 현역복무를 마친 지 오래되지 않은 예비군이라서 적극적 참여의사를 가지고 훈련에 임하지는 않을 것이라는 분위기를 참고해, 강의준비를 꼼꼼하게 챙기지 않으면 강의성과를 기대할 수가 없다. 예비군에 공감되어질 수 있는 맞춤식 강의내용이 필요하다. 국방부의 지침에 따라 교안을 작성해서 성우회 안보전략연구원의 검토를 받은 다음, 충분히 사전연구를 한 후에 현장교육에 참여한다. 도시와 지방별 학급편성 인원에 큰 차이가 있는데, 대략 100~300명 정도의 예비군을 대상으로 실내 강당에서 PPT로 진행한다.

현역시절의 옛 전우를 다시 만나보는 기분도 들고, 아들 친구들을 만나는 느낌이라 친밀감이 있어서 교육하기엔 편안하지만, 대단히 소중한 기회이고 정성스런 교육진행이 요구되므로 부담도 크다고 할 수 있다.

예비군 구성은 대학생, 회사원 등 다양한 직업인들도 포함되어 있어서 민감한 반응을 염두에 두어야 하고, 자칫 오해의 소지가 없도록 원칙적 범주를 벗어난 강의는 지양하도록 신중해야 한다. 그러면서 능숙한 강사로 인정받도록 강의기술을 총동원하여 강의를 진행한다. 강사가 먼저 마음의 문을 열고 예비군의 눈높이에 맞는 낮은 자세로 시작하면서, 공감대를 형성해야 안보교육의 성과를 얻어 낼 수 있다. 그래서 교육 출발 전에 사전준비를 꼭 한다.

강의장에 도착 후 인사말을 하고 강사 본인을 소개하는 시작멘트에서 이 지역의 특성, 역사와 전통의 자랑거리, 부대의 임무 등으로 주의를 집중시킨 다음, 청년들에게 간절히 바라는 삶의 지혜 한 토막을 들려준다. 특히 내가 강조하는 것은 '긍정적 사고, 꿈과 비전, 감사하는 습관'이다. 리더십을 공부하면서 메모해 두었던 엑기스를 짤막하게 몇 마디 설명해 준다. 나의 체험에서 얻어 낸 교훈을 들려주는 것이다. 나의 청년시절을 생각해 볼 때 얼마나 부러운 청춘인가? 아들에게 들려주는 덕담처럼 진정을 담아 가슴으로 전달하면서 청년들과 눈을 마주쳐 본다. 우리 국가의 미래를 짊어지고 갈 청년들에게서 희망의 빛을 보면 믿음직스럽다.

이어서 그들에게 안보의 중요성과 현재의 안보상황 설명을 이어 간다.

세계의 안보와 우리 한반도 주변의 안보상황은 시시각각 변하고 있다. 우리의 안보 현주소를 알기 위해서는 최근의 세계 안보 동향을 통해서 숲을 먼저 바라본 다음에 가까운 한반도 주변을 살펴봐야 한다.

6·25한국전쟁 이후 70여 년간 이 땅에 전쟁이 없었다고 해서, 앞으로도 계속 평화가 유지될 것이라고 생각한다면 대단한 착각이다. 100여 년 전에 우리는 왜 나라가 망했고, 6·25한국전쟁은 왜 발생되었으며, 왜 수백만 명이 처절한 희생을 당했는가를 알고 대비를 해야 한다는 것이 안보의식의 기본이다. 고대로부터 지금에 이르기까지 우리 한반도에 위협과 총성이 멈춘 적이 있는가? 지금의 정전상태가 안전한 평화라고 말할 수 있는가?

불확실한 평화를 진정한 평화로 만들어 가자는 것!

진정한 평화를 구축하기 위해서 전쟁에 대비해야 한다는 것!

전쟁에 대비하는 것은 군사적 대비와 비군사적 대비를 함께 갖추는 것!

이것이 안보의 개념이다. 군사적 대비는 국방부가 준비해서 강한 군대를 만드는 것이고, 비군사적 대비는 국민의 안보의식을 강화하는 것이다. 비군사적 대비가 군사적 대비보다 더 중요하다. 국민의 안보지원 없이는 국방이 절대 튼튼할 수 없다는 것을 역사가 증명하고 있기 때문이다.

예비군 안보강의 내용은 수시로 변경되지만 대체로 첨부와 같은 중점으로 진행한다.

대한민국이 6·25전쟁 휴전 이후에 수없이 많은 북한의 침투 도발이 있었음에도 잘 극복할 수 있었던 것은, 국민의 위대한 안보의식과 예비군의 역할이 있었기 때문이다.

1968년 김신조 일당의 31명 무장간첩이 청와대를 습격하는 사건이 발생한 뒤 곧바로 예비군을 창설하여 후방지역 방어를 담당하였고, 대간첩 작전과 안전보장 차원에서 큰 성과를 이룩했음을 누구도 부인할 수 없다.

북한의 대남 적화야욕이 지속되는 한 한반도의 안전을 지키기 위해서는 현역군인만으로는 안 되며, 후방지역 향토방어 예비군이 절대적으로 필요한 현실이다.

북한의 현역군인이 백만이 넘고, 예비군도 7백여만 명임을 고려할 때 우리 청년 예비군의 방위력은 국민들의 안전을 지켜 주는 데 필수적이다.

지금의 동북아시아 안보상황은 대단히 불안정하고, 특히 북한의 핵과 미사일의 위협이 가중되면서 언제 어떤 일이 발생할지 모르는 위중한 상태라고 전문가들은 우려의 목소리를 내고 있다. 최선의 대안은 부국강병(富國强兵)이다.

"원평비전(願平備戰), 망전필위(忘戰必危)" 평화를 원하거든 전쟁을 대비하라. 전쟁을 잊으면 반드시 위태롭다. 동서고금의 경구를 국민 모두가 잊어서는 안 되고 함께 새겨야 할 금과옥조라고 말하고 싶다.

역사적인 교훈은 아무리 강조해도 지나치지 않은 현실이다.

지난 수년간 전국의 향토 방위부대 청년들을 찾아서 안보를 걱정하며 우리의 미래를 함께 생각했던 시간들! 아름다운 우리의 강산을 지키기 위한 작은 애국심 때문이었다.

앞으로도 평화지킴이의 주역으로서 국민 모두와 함께 국방의 주인이 되어야 한다고 생각해 본다.

예비군강의중 (2016년 4월)

긍정의 힘! 셀프리더십!

예비군 안보강의 중점

| 역사적인 교훈

- 수난의 역사 · 대한제국의 패망 · 6·25전쟁

| 오늘의 안보상황

- 세계 속의 대한민국 현실

- 한반도 주변 안보정세

- 현존하는 북한의 위협

| 우리의 대응과 역할

- 국지도발 및 전면전 대비태세 완비

- 실전적인 예비전력 정예화

| 우리의 각오

: 감사하는 마음

: 깨끗한 마음

: 위하는 마음

: 풍요로운 마음

제10장

계룡산 자락에
정착하다

군 생활을 마치면서 자운대 군 관사를 떠나서 이곳 계룡으로 이사를 왔다.

그동안 근무지를 이동하면서 옮겨 살아왔던 과거생활이 아련히 떠오른다.

결혼하고 첫 살림을 차린 곳은 1982년 광주 상무대 관사 13평 아파트였다. 그 후 군에서 20회의 이사를 하였고, 전역을 하면서 처음으로 내 집을 마련하여 이곳으로 옮겨 온 것이다. 신혼살림 후 21번째 이사이다.

대전 교육사령부에서 군 생활 마지막을 수행하면서 전역 후를 생각해 봤다. 어디에서 거주할 것인가를 고민하다가 가까운 계룡산 자락에서 살고 싶어 여기를 택하였다. 고향의 방장산을 떠나 전·후방 지역을 두루 옮겨 다니다가 중앙지역인 이곳 충청도가 최종 정착지가 되리라고 예상 못했지만 직업군인의 최종 근무지가 근처가 되다 보니 이곳에서 살게 된 것이 인연이 아닐 수 없다. 이곳에 이사 온 지도 벌써 10년이 되었으니 사실상 제2고향이 된 것이다. 전역 후 지금 소박하게 살고 있는 이곳은 내가 소망했었던 조용하고 안락한 곳이다.

내 인생에서 또 한 번의 성공이라고 말할 수 있다.

매일 계룡산의 천황봉을 쳐다보면서 청정구역에서 잘 살아가고 있음에 감사하게 생각한다. 계룡산(845m)은 충남 공주시, 계룡시, 대전광역시 유성구에 걸쳐 있는 산이며 국립공원으로 지정되어 있다. 조선 태조 때 개경에서 계룡산 남쪽 신도안으로 도읍지를 옮기려 하였으나, 하륜의 반대로 신도안 대신 한양으로 도읍지를 변경하였다. 지금은 신도안 지역에 3군 본부(계룡대)가 들어서면서 신도안면이 계룡시로 승격이 되었다.

이곳이 논산군 신도안면이었을 때 중령계급으로 육군본부에 근무하면서 3년간 머무른 뒤로 15년 만에 다시 이곳으로 되돌아온 것이다. 그 당시 이곳 근무지에서 진급이 낙방되어 초라한 모습으로 가족과 함께 경남 하양의 특공부대로 떠나야 했던 기억이 생생하다. 그때 절망하지 않고 난관을 잘 극복하였기에 영예로운 모습으로 이곳에 다시 찾아올 수 있었다고 생각하니 참으로 기쁘고 감사하게 생각한다. 전화위복(轉禍爲福)이라는 말이 떠오른다.

전원도시의 한적한 곳에 거주하다 보니 전방에서 군 관사지역에 살던 때와 유사한 느낌을 받을 수 있다. 거실 앞에는 먼 산이 보이고, 뒤에는 계룡산이, 좌·우측에는 중학교와 고등학교가 있어서 좋은 환경이라고 생각한다. 매일 산책하면서 인접 계룡고등학교 정문에 새겨진 '큰 사람, 된 사람, 푸른 꿈'의 학교교훈이 눈에 띄면, 옛날 아쉬웠던 나의 학창시절이 생각나면서 다시 돌아갈 수만 있다면 푸른 꿈을 갖고 더 멋진 오늘을 만들 수 있지 않을까 생각한다.

가까운 곳에 텃밭을 가꾸고 있어서 수시로 흙을 만지면서 농사를 체험하고 있고, 주변 산책로가 잘 발달되어 있어서 걷기와 힐링을 하는 기회로 부족함이 없어 심신수련에 큰 도움을 받고 있다. 출장강의가 없는 날에는 산행, 산책, 기타운동 등으로 체력을 관리하고, 취미생활로 음악, 독서 등으로 즐거움을 찾고 있다. 끊임없는 심신수련에도 게으르지 않으려고 노력한다. 지나간 군 생활로 수련과 봉사를 다 끝냈다는 오만한 생각이 들지 않도록 사회봉사단체 라이온스에 가입해서 일반인 회원으로서 사회의 다양한 부분을 체험해 보기도 하였다. 이때 동남아 캄보디아의 어려운 시골마을에 가서 전기와 식수도 공급이 안 되는 곳에서 봉사했던 체험은 넓은 세상을 이해하는 데 소중한 공부가 되었다.

"긍정적인 사고방식만 있어도 절반은 성공이다"라는 말이 있다. 가급적 긍정적인 측면에 초점을 맞춰 살아간다면 누구라도 큰 선물을 받을 수 있다는 생각에 변함이 없다.

내가 좋아하는 고사 성어 중에 '驕兵必敗(교병필패)'라는 말이 있다. 교만하면 실패한다. 항상 부족한 상태임을 깨닫고 겸손하면서 평생을 공부해야 한다고 생각한다.

공자도 말하기를 "생각만 하고 배움이 없으면 위태롭다(學而不學則殆)"라고 하였다.

요즈음, 체력도 보강하고 겸손한 자세도 배울 겸 수시로 산행을 한다. 정기적으로 지리산, 덕유산, 소백산 등을 오를 때마다 우리에게 늘 가르침을 준다는 사실을 실감한다. 자연의 이치에 순명하고, 자연에 감사하면서 겸손하게 살아야 함을 대자연은

긍정의 힘! 셀프리더십!

우리에게 가르치고 있다.

그래서 평생을 공부해야 하고 심신을 수련해야 한다고 성인들은 말해 온 것이다.

행복과 성공을 만들어 가는 리더의 역량 중에 중요한 단어를 꼽으라면 '긍정, 비전, 존중, 소통, 신뢰'라고 생각한다. 그래서 리더십의 기본은 수기치인(修己治人)이고, "상대의 마음을 움직이는 기술이다"라고 하듯이, 겸손한 마음가짐으로 있는 그대로의 자신을 사랑하면서, 늘 심신을 수련하는 습관이 성공을 만들어 준다고 생각하면서 살아가고 있다.

오늘 하루도 소중한 선물임을 잊지 않는다.

글을 쓰는 이 순간에도 하느님께 감사드리며 도와주신 모든 분들에게 고마운 마음을 금할 길 없다.

캄보디아 봉사 (2012년 7월)

지리산천왕봉 산행 (2016년 7월)

덕유산 산행 (2018년 1월)

소백산비로봉 산행 (2019년 12월)

긍정의 힘! 셀프 리더십!

감사하는 마음·

"감사는 창의력을 증진하고 삶에 활력을 준다."
– 스트라잇 –

우리는 지금 자기 자신과 내가 속한 공동체에 대하여 얼마만큼 감사하는 마음으로 살아가고 있을까?

아침에 눈을 뜨면 또 하루가 밝아 오고 밝아 오는 하루를 맞이할 수 있도록 돕는 건강한 신체와 정신, 식사, 물, 공기, 만남 등이 모두가 나의 권한과 능력으로 인한 당연한 전리품이라 알고살아가고 있다면, 이것은 좀 지나친 오만으로 순리에 역행하는 삶이 아닐까. 우주만물의 창조주에 대한 감사, 부모님에 대한 감사, 스승에 대한 감사, 농민에 대한 감사, 나를 도와준 많은 은인들에 대한 감사를 소중히 할 때 나 자신과 다른 가치도 소중히 여길 수 있다.

감사하는 마음 없이 어찌 미래가 있고 희망이 있을 수 있을까, 감사하는 마음은 자기의 잠재의식을 더 많이 끌어낼 수 있게 하고 우주와 자연의 에너지를 끌어당기는 힘을 작용시킨다. 감사할 줄 아는 자는 세상을 긍정의 시각으로 살아가기 때문에 긍정의 힘을 모을 수 있는 능력을 갖게 된다.

건강한 사회는 그 사회가 가진 가치를 소중히 여길 줄 아는 사회이며, 그 가치가 각자의 마음과 성품과 리더십에 녹아들어 있는 사회다. 자연의 순리에 따르고 감사하는 마음을 기초로 깔고 살아가는 사람은 성품과 리더십의 기초가 튼튼한 사람이다. 자기 자신의 소중한 가치를 발견하기 위해서는 자연과 생명의 소중함을 먼저 느끼고 감사하는 마음을 가져야 한다.

사실 우리는 축복의 삶을 누리고 있다는 사실을 먼저 발견해야 한다. 감사하는 마음을 갖고 자신의 소중한 가치를 인식하고 나서 그 소중함을 가꿔 나가는 것이 셀프리더십(Self-Leadership)이다. 감사할 줄 아는 사람은 겸손하고, 따뜻한 마음을 가진 자이며 남을 존중하고 배려할 줄 아는 사람으로 구성원들에게 신뢰를 준다.

스티븐 코비는 '원칙 중심의 리더십'에서 리더의 근본적인 자질에 대해 논하면서 사람의 학벌, 재산, 외모, 지위, 배경 등으로 그 사람의 위대함을 경솔하게 평가하면 우를 범한다고 하면서, 그 사

긍정의 힘! 셀프리더십!

람의 본질적 위대성은 사랑, 이해, 인내심, 동정심, 비전, 포용력, 결단력 등 성숙한 인격의 모습에 있다고 기술하고 있다. 성숙한 인격의 모습은 곧 감사하는 마음으로부터 시작하여, 자기수련을 통한 셀프리더십으로 구성원에게 신뢰의 향기를 풍기는 모습이다.

아름다운 사회는 남을 탓하고, 무례한 자기중심적인 사회가 아니며, 양보와 질서, 겸손과 배려의 미덕으로 베풀 줄 아는 사회이다.

감사하는 마음을 내가 먼저 전함으로써 리더와 팔로워 모두가 끈끈한 인격, 사랑과 신뢰, 비전과 감동으로 하나 되어 위로와 힘이 되어 준다.

감사의 표시를 자주 하자!

① 내가 먼저 ② 사소한 경우에라도 ③ 상대방의 답례를 기대하지 말고 ④ 상대방이 누구일지라도 ⑤ 자연스럽고 상호 편안한 방법으로 ⑥ 최소한 예의를 지켜 자주 실행하자.

리더의 감사 표시는 팔로워에게 인정과 칭찬으로 신바람을 일으켜 기(氣)를 살릴 수 있으며, 팔로워로서 상급자에 대한 감사 표시는 당당함과 신뢰의 교감을 확인해 볼 수 있는 기회이다. 누구에게라도 진심에서 나오는 감사의 표시는 우정과 친밀감을 더하고 사랑과 신뢰를 성숙시켜 주는 좋은 밑거름이 된다.

깨끗한 마음 ·

·

·

"세상에서 가장 위대한 발명은 어린아이의 마음이다."
– 에디슨 –

　내가 고등학교 시절 학교 교훈이 '환경을 깨끗이, 몸을 깨끗이, 마음을 깨끗이'였다.
　'깨끗하다'라는 의미를 지금까지 곱게 간직하게 해 준 인상 깊은 교훈이었고 지금도 멋진 표현으로 마음에 새기면서 살아간다.

　깨끗한 마음은 깨끗한 환경에서 비롯되고 깨끗한 환경은 자기가 만들어 가고 가꾸어야지 누가 만들어 주는 것이 아니다. 기원전 399년 소크라테스는 아테네 법정에서 사형선고를 받고, 죽기 전에 감옥에서 이렇게 말했다.
　"사는 것이 중요한 문제가 아니라 바로 사는 것이 중요하다"라고.

긍정의 힘! 셀프리더십!

그러면 바로 사는 것은 어떻게 사는 것이냐, 소크라테스의 신념에 의하면 첫째는 진실하게 사는 것이요, 둘째는 아름답게 사는 것이요, 셋째는 보람 있게 사는 것이다.

그는 아테네의 시민들을 바로 살게 하기 위해서 30년 동안 그들과 진지한 대화를 나누고 아테네의 젊은이들을 가르쳤다. 그로부터 "너 자신을 알아라"라는 소크라테스의 유명한 문답법이 전해 내려오고 있고 자기의 인격완성, 자아실현(自我實現)이 강조되고 있다. 이것은 곧 부단히 지혜를 추구하고, 덕(德)을 연마하고 이성과 양심의 소리에 귀를 기울여 나의 정신과 영혼을 맑고 깨끗하게 하는 것이다.

인생은 너와 나의 만남이요, 인간은 만남의 존재이다. 만남 속에서 생성된 깨끗한 마음, 깨끗한 환경이 바른 인간관계, 바른 의사소통, 바른 리더십을 키울 수 있다.

자연이란 말 그대로 스스로(自) 그러함(然)이니 꾸밈이나 숨김, 과시 등이 없는 있는 그대로의 정직하고 투명한 모습이어야 한다.

생명 존중을 뿌리 삼아 검소를 생활화하고 체질화해서 성품이 고결하고 탐욕이 없이 지조를 지키는 것이 깨끗한 삶이고, 이러한 마음으로 사는 것이 인격의 향기를 풍기게 하는 것이다. 아무리 깨끗한 거울도 시간이 흐르면 먼지가 끼고 더러워지는 법이니 모든 생명체는 끊임없이 자정작용(自淨作用)을 하고 있다.

자유의지를 가진 우리 인간들은 누구나 깨끗함을 유지하기 위해서 끊임없이 자기연마(鍊磨)와 자기절제를 이뤄 가야 한다. 자기 자신을 관리하고 통제하는 '셀프리더십'으로 깨끗한 마음을 갖고 정도(正道)를 걸음으로써 자기계발 리더가 되어야 한다.

마음을 더럽게 하는 그 무엇이 있다면 그것을 찾아서 버려야 깨끗함을 유지하고 새로운 변화를 창조할 수 있다. 마음의 찌꺼기는 계속 생기기 마련이다.

버려야 할 것을 버리지 못하면 냄새가 나고 새로운 환경에 적응하기 어려워진다. 그래서 마음의 쓰레기통을 설치해 보자.

부정적인 생각, 지나친 욕심, 남들과 비교해서 불리하다고 생각하는 것들을 마음의 쓰레기통에 버리고 늘 새로운 것으로 채우자.

냄새나는 환경, 깨끗하지 못한 곳은 서로가 피하고 혐오하듯이, 우리들 만남의 장이 깨끗한 마음으로 깨끗하게 잘 통하는 네트워크를 만들고, 깨끗한 공동체가 되었을 때 이것이 우리 모두가 바라는 비전 공동체가 될 것이다.

나무의 마음

나무도 사람처럼 마음이 있소
숨 쉬고 뜻도 있고 정(情)도 있지요

만지고 쓸어주면 춤을 추지만
때리고 꺾으면 눈물 흘리죠.

꽃피고 잎 펴져 향기 풍기고
가지 줄기 뻗어서 그늘 지으면

온갖 새 모여들어 노래 부르고
사람들도 찾아와 쉬며 놀지요

찬 서리 눈보라 휘몰아쳐도 무서운 고난을 모두 이기고
나이테 두르며 크게 자라나 집집이 기둥 들보 되어 주지요

나무는 사람마음 알아주는데
사람은 나무마음 몰라주고

나무와 사람들 서로 도우면
금수강산 좋은 나무 빛날 것이오.

- 노산 이은상 -

위하는 마음 (Servant Leadership) ·

·

·

"삶의 가장 큰 행복은 우리 자신이 사랑받고 있다는
믿음으로부터 나온다."

– 빅토르 위고 –

고도의 물질문명 속에서 나타나고 있는 비관성, 폭력성, 개인
주의, 열등감, 불안감, 목적의식 결여 등의 증상들로 우리 사회
는 깊은 병을 앓고 있다. 정보화시대에 살고 있는 신세대들에게
잘못된 문제가 있다면, 이 문제들은 공통적으로 기성세대가 만
들어 놓은 현대사회의 문화로 인한 토양 속에서 빚어진 것임을
간과해서는 안 된다.

과장광고 문화, 남발정치 문화, 속고 속이는 기업문화, 부모들
의 강요문화 등으로 정치가, 기업인, 언론인, 사회지도자, 부모
세대들에 대해 환멸과 냉소적인 반응을 우선 두드러지게 식별할

긍정의 힘! 셀프리더십!

수 있다.

식별된 잘못된 문화의 발생을 신세대, 기성세대 또는 누구의 탓으로 돌리는 것이 문제가 아니고, 현 시대를 살아가는 우리 모두에게 있어서 급변하는 환경으로 인한 잘못된 문화의 본질을 어떻게 바라볼 것인가가 문제다. 잘못된 문화의 공통 원인이 대체로 '인격' '공동체 의식'의 문제임을 인식하고, 이러한 문제점을 우리가 함께 더불어 해결해 가야 한다고 하는 것이 사회적인 큰 과제이다.

공자(孔子)의 『논어』에 나오는 핵심 키워드 인(仁)이라는 글자는 '사람 인(人)' 변에 '두 이(二)'가 결합된 것이다. 사람이 둘만 모여도 서로를 위해 해야 할 것이 있는데, 그것은 곧 '상대방의 입장에서 생각하는 마음씨'라는 것이다. 인(仁)이란 그렇게 위하는 마음이고, 곧 어진 마음이라는 것을 누구나 알고 있다.

인생은 깨달음에 의해 마음이 바뀌고 사랑을 실천하게 되는데, '깨닫는다'라는 말에는 '아는 것을 실천하여 끊임없이 개선해 나간다'는 뜻을 포함하고 있다.

위하는 마음이란 연속적인 깨달음으로, 물과 같이 자연스럽게 흘러가서 자연스럽게 흡수될 수 있도록 따뜻한 마음이 진실하게 전달되어야 하는 것이다. 어른이나 상급자가 먼저 손을 내밀고,

사랑을 주고, 희생을 실천하는 데서부터 시작해야 한다. 실력이 있으면 권위는 자연히 서게 되어 있으며 그 권위의 극치는 사랑이다. 강요와 일방적 교육에 의한 것보다 위하는 마음의 전달로 더 말을 잘 듣고 자기 역할에 몰입하게 할 수 있는 것이다.

권위를 앞세우려고 하면 내면의 세계에서 상호 간의 진심이 통할 수 없다. 권위적인 리더 앞에서 부하는 하는 척하고 구부리는 척하지만 뒤돌아서면 각자 다른 마음으로 각자의 생각대로 자기 자신을 위한 일에만 몰입하게 된다.

진정한 리더십은 구성원들이 신뢰감을 갖고 기꺼이 따르게 한다. 우리가 진정한 리더라면 보스와 리더의 차이를 아는 사람이다. 보스는 권위에 의존해서 부하를 부리지만, 리더는 선의에 의존해서 부하를 지도한다. 보스는 '내가' 라고 하면서 공포심을 유발하지만, 리더는 '우리가'라고 하면서 희망을 준다.

내 마음이 나의 중심이고 내 마음이 지향하는 방향에 따라서 세상도 변화된다는 것을 알아야 한다. 마음은 태도이다. 인생의 방향을 결정한다. 좋은 태도는 우리들의 인생을 올바른 방향으로 나아가게 하고 좋은 결실이 있지만, 나쁜 태도는 우리의 삶을 빈약하게 한다. 나쁜 태도의 요인은 성격, 습관, 잘못된 가치관이겠지만 보다 근본적인 것은 '마음 씀씀이'이다. 마음을 다스리지 못하면 조그마한 상황의 유혹이나 압박에도 쉽게 무너지고

긍정의 힘! 셀프리더십!

극복하지 못한다. 그래서 마음의 수행이 지속되어야 한다. 긍정적인 생각들을 키우고, 부정적인 감정들을 물리치는 과정을 통해서 진정한 내면의 변화와 마음의 평화가 찾아온다.

영어로 이해한다는 뜻의 'understand'는 '상대방의 밑에 선다'는 뜻을 품고 있다. 진정한 사랑은 상대를 이해하는 데서부터 비롯되는데, 상대를 이해하기 위해서는 상대방의 밑에 선 자의 입장에서, 섬기는 자의 자세에서 바라볼 때 즉, 역지사지(易地思之)의 입장에서 비로소 가능하다.

위하는 마음은 ① 내가먼저 ② 장소를 가리지 않고 ③ 보상을 받겠다는 마음을 버린 상태에서 조건 없이 ④ 상대방의 입장을 헤아려서 ⑤ 다음으로 미루지 말고 ⑥ 진심으로 배려하는 마음을 표시하는 것이다.

마음의 표시는 말과 글, 행위 등 수단과 방법을 시간과 대상에 맞게 가장 자연스런 방법으로 전달하여야 하며, 이러한 마음의 표시가 사소한 것일지라도 상대방이 원하는 것이었을 때, 더욱 위대한 것이다. 상대방의 마음을 움직이고 감사하는 마음을 느끼게 할 때, 이것이 곧 리더십의 기본이 되는 '배려'의 실천이고 서번트 리더십(Servant Leadership)이다.

풍요로운 마음 ·

·

·

"우리의 마음을 평화와 용기와 건강과 희망에 대한 생각으로
가득 채워라. 우리의 생각이 우리의 인생을 만들기 때문이다."
– 데일 카네기 –

상담가 리처드 칼슨(Richard Carlson) 이 쓴 베스트셀러 『우리는
사소한 것에 목숨을 건다』 라는 책에서 요즘 사람들은 참을성이
없고, 신경질이 많으며, 양보할 줄 모르고 조그만 일에도 쉽게
분노하는 성향이 짙음을 개탄했다. 한 예로 고속도로에서 빵빵
거리면서 여러 차들 사이로 지그재그로 미친 듯이 추월하며 지
나가는 자동차를 들었다. 그렇게 목숨 걸고 짜증을 내면서 달려
도 결국 2~3분 정도밖에 빠르지 않다는 얘기다. 칼슨은 오늘날
현대인들의 각박한 삶의 모습에서 허무함을 지적하며, 우리의
인생을 풍성하게 만들기 위한 몇 가지 과제를 제시한다.

긍정의 힘! 셀프리더십!

♤ 지금 서 있는 자리에서 행복을 찾아라.

♤ 남을 탓하지 말라.

♤ 다른 사람의 잘못을 지적하는 습관을 버리라

♤ 식물을 길러 보라.

♤ 때로는 엉뚱한 친절을 베풀어 보라.

♤ 일주일에 한 번은 정성이 담긴 편지를 써 보라

♤ 자신의 탁월함을 과시하기 위해 애쓰지 말라.

♤ 매일 한 번 이상 남을 칭찬하라.

♤ 기분이 좋을 때는 감사하고 나쁠 때는 품위를 지켜라.

그냥 지나쳐도 큰 문제가 없을 사소한 것들에 지나친 욕심을 부릴 때 나타나는 큰 피해는 정말로 중요한 핵심을 놓치고 있다는 것이다. 큰 그림을 보지 못하고 좁은 곳에 머물러 있는 모습이다. 자연의 이치와 섭리를 깨닫지 못하고, 숲을 보지 못하고 나무만 바라보고 있으니 여유를 갖지 못하는 것이다.

"고수미음(高樹摛鄕盦), 독목불림(獨木不林)"이라는 말이 있다. 키만 큰 나무는 그늘이 없고, 한 그루의 나무로는 숲을 이루지 못한다는 후한서에 나오는 말로서 오늘날 우리시대에 곁에 두고 경구로 삼을 만한 구절이라 하겠다. 우리 주위에는 타인을 의식하지 않고 혼자서만 잘난 체하는 사람들을 많이 보게 된다.

이런 과정에서 너무나 많은 사람들이 가치관이 무너지고 도덕적 윤리가 허물어진 것에 대해 안타깝게 여기고 자성하자는 분위기가 요즘에 높아지고 있다.

여유가 있는 사람은 급한 일이 생겨도 쉽게 흔들리지 않는다. 왜냐하면 중요한 일인가를 판단해 볼 여력이 있기 때문이다. 중요하면서 급한 일로 판단되면 우선적으로 결정하지만, 중요하지 않으면 급한 일도 상황여건을 고려해서 넉넉하게 결정하면 된다.

스티븐 코비는 좋은 습관 중에서, 첫 번째 습관으로 '주도적이 되라'를 들었다. 주도적인 사람의 본질은 외부의 충동에 의해 대응하는 데 있지 않고 내면화된 가치기준에 따라 행동하는 데 있다. 의식적이든 무의식적이든 가치관에 입각한 선택이나 반응이 책임감 있는 주도적인 행동이다. 주도적인 사람이 풍요로운 마음을 가진 사람이다. 우리가 가진 기본적인 본성은 자기 스스로가 주체가 되어 행동하는 것이지, 남의 행동에 의해 이끌려 가는 것이 아니다.

잘못된 일에 대해서는 항상 남의 탓으로 돌리고, 환경을 탓하고, 다른 사람에게 자신의 실패를 책임 전가하는 사람들은 풍요롭지 못하고 어둡게 살아간다는 것이다. 그러므로 바른 가치관을 갖고 자신의 신념대로 자기 인생의 환경을 주도해 가는 적극적 사고방식이 풍요로운 삶을 만들어 준다.

긍정의 힘! 셀프리더십!

풍요롭지 못한 마음은 순간순간의 대응적 판단과 피동적 선택으로 이어져 가정파탄, 사업실패, 대인관계 실패, 불신초래 등 돌이킬 수 없는 큰 후회를 낳곤 한다.

성급하고 무리한 선택은 '중요한 것'과 '급한 것'에 대한 가치관 정립이 잘못된 것에서 비롯된 것이다. 나는 지금 '급한 일'과 '중요한 일'에 대해 혼동하지 않는 기준을 갖고 살아가고 있는가?

최근 어느 TV방송에서 트로트 오디션 프로그램이 인기 프로그램으로 성공적인 시청률을 기록했다. 시청률 10%만 넘겨도 성공이라는 다채널시대에 시청률 35.7%를 기록한 프로그램이다.

결선에 오른 출연자 7명은 아이돌 팬덤에 견줄만큼 인기를 끌어내어 코로나시대로 답답해 하는 시청자들에게 모처럼 풍요로움을 선물했다.

진선미(眞善美)에 오른 임영웅, 영탁, 이찬원은 물론 정동원, 김호중, 김희재, 장민호 등 결선에 오른 7명은 대부분 무명가수였다. 오디션 프로그램이 갖는 장점인 신선한 주인공 발굴이라는 기획과 함께, 각자 다른 매력을 발산한 출연진으로 시청자의 마음을 잡은것이다.

결정적인 군무와 봉춤, 2007년생 최연소 정동원 출연자와 1977년생 최연상 장민호 출연자의 1:1 대결 등 다채로운 볼거리 제공으로 장르의 한계를 극복해 냈다.

매회 선보인 다양한 퍼포먼스와 출연진들의 탄탄한 기본기가 트로트에 무관심했던 젊은 세대 팬덤을 형성했고, 뉴미디어와 음원 시장에 익숙하지 않았던 중장년 세대까지 끌어들인 것으로 보인다.

7위 장민호는 패자부활전을 통해 입상했고 1위 임영웅은 과거 다른 오디션 프로그램에서 겪은 실패의 아픔을 딛고 우승했다.

어느 개인이나 조직에서서든 더 큰 성장을 위해서는 창의적이고 풍요로운 사고를 할 수 있는 혁신적 문화가 있어야 성공할 수 있다는 교훈을 보여 주고 있다.

이외에도 풍요로움을 주는 사례가 많으면 그만큼 사회는 밝아질 것이다.

원고 정리가 마무리되어 가면서 나에게도 예견치 않은 풍요로운 일이 생겼다. 강원도 화천 용화산에서 대대장 할 때 함께 근무했던 전우2명(차태환하사 강형근하사)이 30년 만에 오늘 불쑥 찾아왔다. 대대장님 덕분에 군 생활을 잘 마치고 몇일전 부산에서 정년퇴임 했다면서 부산앞바다 미역 한 상자를 들고와서 당시의 정담을 나누고 갔다. 당시에 용맹한 특공부사관으로 늘 기억에 남았는데 이산가족을 만난 듯 풍성함을 느끼게 하는 고마운 옛 전우 상봉이었다.

누구에게나 풍요로운 미담이 많으면 행복지수가 오르고, 공동체도 선순환 에너지가 가득하리라 기대된다.

긍정의 힘! 셀프리더십!

에필로그

코로나19로 불필요한 외출을 삼가면서 원고를 정리했다.

최근에 코로나 바이러스가 세계적인 전염병으로 장기간 계속되면서 인명피해, 경제 불황은 물론이고 정치, 사회, 문화 등 모든 분야에서 고통과 불안, 갈등이 고조되고 있어서 모두가 걱정하며 살고 있다. 사회적 거리두기를 하면서 여행과 모임활동 제한 등으로 새로운 존재방식을 배우며 조용히 보내는 사람들이 많아지고 있다.

이런 때일수록 우리가 소망하는 진정한 평화, 안전, 자유, 번영을 위한다면 공동체의식과 사회적 책임에 주도적으로 나서야 할 때이다. 상호신뢰에 어긋나는 생각과 행위를 조심하고 상호배려와 존중으로 상생의 즐거움을 만들어 가야 한다고 생각한다.

이번 코로나 바이러스 팬데믹 대응에서 소통, 공감, 투명성 등을 바탕으로 뛰어난 리더십을 보여 주고 있다고 보도된 대만 총통, 독일 총리, 뉴질랜드 총리 등이 주목받았다.

긍정의 힘! 셀프리더십!

리더들은 이처럼 비상 상황에서 위기에 대처하는 역량으로 평가받는다.

모든 일의 성패는 리더십에 달려 있다. 리더십은 사람들에게 비전을 심어 주고 동기를 유발시켜서 공정한 성과를 이끌어 내는 영향력이다. 삼국지의 주인공인 조조와 유비는 둘 다 출중한 리더이고 나름대로의 매력을 갖고 있었지만 성격이나 분위기는 확연히 달랐다. 조조처럼 리더가 모든 것을 이끌어 가는 만기친람(萬機親覽)의 리더십이 유효할 때도 있지만, 유비처럼 부하에게 적당하게 권한을 위임하는 리더십이 필요할 때도 있다. 제갈공명, 관우, 장비, 조운 같은 시대의 맹장들이 유비에게 충성을 다한 이유는 무엇일까? 부하를 인정하고 본인의 겸손과 열린 마음으로 신뢰를 받았기 때문이다.

이번 원고를 정리하면서,
지나간 날들에 아쉬움도 많았지만 남은 날들이 더 소중하다는 의미를 스스로 각인하는 계기가 되었으며, '지금도 할 수 있는 일이 너무 많다'라는 생각이 들면서 긍정의 힘과 셀프리더십을 다시 한번 공부하는 기회가 되었다.
누구라도 정의로운 성품과 언행일치하는 모습으로 신뢰를 쌓아 가는 것이 가정과 사회를 밝게 만들어 가리라는 믿음을 확신하며, 이 글을 쓰면서 나 자신도 긍정의 힘을 쌓아 가고 있으며 오늘도 힘차게 걷는다.

에필로그

방장산 자락에서 뛰놀던 시골 소년을 장군으로 만든
셀프 리더십의 힘이 모든 독자분들과 함께하기를 응원합니다!

권선복
| 행복에너지 대표이사

사회생활을 할 수밖에 없는 인간의 속성에 비추어 볼 때, 리더
십의 중요성은 항상 강조해도 지나치지 않습니다. 그렇다면 리
더십이란 무엇일까요? 작게 생각한다면 어떤 조직이나 집단을
이끌고 타인에게 명령을 하기 위해서 활용되는 능력과 전략을
의미합니다. 하지만 더 큰 의미에서의 리더십은 자기 자신을 주
체적으로 변화시키고, 자신을 둘러싸고 있는 것들을 변화시키
며, 궁극적으로 조직을 발전시키는 개인의 능력을 말한다고 볼
수 있을 것입니다.

이 책『긍정의 힘! 셀프 리더십!』은 전남 장성 방장산 자락에서
뛰노는 걸 좋아하던 시골 소년이었던 류중은 저자가 입시 실패
와 방황 끝에 큰 깨달음을 얻고, 나주 깊은 산속으로 들어가 피
나는 독학 끝에 육군사관학교에 입학 후 여러 역경을 극복하고

236

장군의 자리에까지 오른 이야기와 함께, 저자가 성공적으로 인생 1장을 마무리하고 계룡산 자락에서 다시금 새로운 인생에 도전할 수 있게 만들어 준 셀프 리더십의 훈련 및 실천 방법이 자세하게 담겨 있습니다.

특히 류중은 저자가 강조하는 '셀프 리더십'의 핵심은 그가 임진강 · 파주 서부지역 여단장으로 복무하면서 전개한 '위풍당당 군대 운동'에 잘 드러나 있습니다. '위풍당당 운동'은 '위하는 마음', '풍요로운 마음', '당당한 부대'의 앞 글자를 따서 만들어진 군 혁신 운동이며 '군대'에 대한 부정적 이미지를 씻고 조국을 수호하는 군대, 군인 개인의 발전을 이루어 낼 수 있는 군대로 발돋움하겠다는 비전을 담고 있는 운동이기도 합니다. '위하는 마음'이라는 캐치프레이즈가 말하듯이, '셀프 리더십'의 핵심은 올바른 원칙, 솔선수범하는 행동, 그리고 타인을 위하고 배려하는 마음에 있는 것입니다.

저자가 수많은 곳을 이동하면서 겪은 고난극복의 현장 체험 스토리가 젊은 후배들로 하여금 셀프리더십을 쉽게 이해하고 실천할 수 있는 계기가 될 수 있으리라 확신합니다.

방장산 자락에서 첫 인생을 시작했던 것처럼 계룡산 자락에서 새로운 인생을 시작하며 남은 시간 동안 더 많은 이들에게 자신을 변화시키고 세상을 변화시키는 셀프 리더십을 전파하겠다는 류중은 저자, 그의 선한 영향력이 이 책을 읽는 모든 독자분들의 가슴속에 팡팡팡 흘러넘치기를 응원합니다!

4차 산업혁명 에센스

이호성, 경갑수, 황재민 지음 | 값 20,000원

『4차 산업혁명 에센스』는 4차 산업혁명의 핵심을 인공지능(AI), 5세대 이동통신 (5G), 블록체인(비트코인 중심)이라는 단 세 가지의 키워드로 간결하면서도 알기 쉽고 흥미진진하게 전달한다. 특히 미래 세대를 이끌어갈 청소년을 위한 도서로서 2020년 서울시교육청 학교프로그램 진행도서, 2020년 사단법인 한국저술인협회 추천 우수도서로 지정되었다.

불길순례

박영익 지음 | 값 25,000원

이 책 『불길순례』는 외적의 침입을 가장 먼저 알리며 우리 국토와 민족을 지키기 위한 최전선에 있었던 전국 210여 개 봉화 유적을 직접 발로 뛰며 탐방한 여행기이며 탐문과 자료 수집을 통해 한반도의 봉화 역사를 밝혀 낸 연구서라고 할 수 있다. 고단했던 노정과 피땀 어린 연구열이 고스란히 배어 있는 이 책은 우리에게 전국 봉화에 깃든 선조의 얼과 함께 전해 내려오는 기상과 추억을 되짚도록 도와줄 것이다.

우리에겐 세계경영이 있습니다

대우세계경영연구회 엮음 | 값 22,000원

『우리에겐 세계경영이 있습니다』는 2012년 출간되었던 『대우는 왜?』의 후속작이다. 누구보다도 먼저, 멀리 나아가 미지의 해외시장을 개척한 과거 대우그룹 선구자들의 놀라운 일화들과 함께, 대우세계경영연구회가 중심이 되어 운영하는 '미래글로벌청년사업가 과정(GYBM)' 청년들의 성공담이 지금도 살아 숨 쉬는 '세계경영의 대우정신'을 보여준다.

마흔, 인생 2막을 평생 현역으로 사는 법

김은형 지음 | 값 15,000원

현실로 다가온 백세 시대, 당신은 직장 다니면서 퇴직 후 평생 현역 생활을 위한 준비를 해야 한다. 이 책은 퇴직 후에도 평균 40여 년을 더 일해야 하는 현재의 마흔 직장인들이 평생 현역 생활을 위해 준비하는 법과 실천해야 할 원칙들을 제시한다. 이 책이 제시하는 내용을 숙지해 둔다면 당신의 평생 현역 생활을 준비하는 데 훌륭한 길잡이가 될 것이다.

무슨 사연이 있어 왔는지 들어나 봅시다

손상하 지음 | 값 25,000원

전직 외교관이 외교현장에서 직접 겪은 생생한 이야기를 가감 없이 소개하는 흥미진진한 수필집이다. 첩보 영화를 방불케 하는 외교 작전에서부터 우리가 모르는 외교현장의 뒷이야기, 깊은 인간적 비애가 느껴지는 역사의 한 무대까지 저자의 생각과 여정을 따라가다 보면 마치 현장에 와 있는 것만 같은 실감과 함께 세계 속 대한민국의 위치를 돌아볼 수 있는 사색을 제공할 것이다.

책에 나를 바치다

책·바·침 지음 | 값 16,000원

「책에 나를 바치다」는 책과 사람을 통해 그렇게 꼭꼭 숨겨 놓은 고민을 풀어 놓고, 공감 받고 공감해 주며, 사색과 긍정으로 순화하여 지속적인 성장을 꿈꾸는 사람들의 진솔한 자기고백이자 성장의 일기다. 서로 간에 선한 영향력을 전파하며 발전하는 책·바·침 멤버들의 모습은 극한 경쟁 속에서 지쳐가는 현대 사회의 많은 이들에게 '나도 책을 통해서 변할 수 있다!'는 작지만 큰 희망을 선사해 줄 것이다.

그림으로 생각하는 인생 디자인

김현곤 지음 | 값 13,000원

이 책은 급격한 사회변화 속 어려움에 놓인 모든 세대들에게 현재 국회미래연구원장으로 활동 중인 미래전략 전문가, 김현곤 박사가 제시하는 손바닥 안의 미래 전략 가이드북이다. 같은 분야의 다른 책들과 다르게 간단하고 명쾌한 그림과 짧막한 문장만으로 이루어진 것이 특징이며 독자들은 단순해 보이는 내용을 통해 미래에 대한 불안과 혼란에서 벗어나는 것뿐만 아니라 행복한 미래를 설계하는 통찰을 얻을 수 있을 것이다.

부부의 사계절

박경자 지음 | 값 17,000원

'결혼'에 대하여 생길 수 있는 모든 물음에 대한 솔직하면서도 깊은 사유를 담은 에세이이다. 결혼에 대해 답하는 저자의 글을 읽다 보면 결혼이란 한 인간의 완성을 향한 구도의 길을 걷게 하는 통과의례 일 것이다. 또한 결혼과 삶에 대한 진실한 이해를 바라며 한 줄 한 줄 써 내려간 글 속에서 인생과 사랑의 의미를 이해할 수도 있을 것이다.

하루 5분, 나를 바꾸는 긍정훈련
행복에너지

'긍정훈련' 당신의 삶을
행복으로 인도할
최고의, 최후의 '멘토'

'행복에너지
권선복 대표이사'가 전하는
행복과 긍정의 에너지,
그 삶의 이야기!

인터파크
자기계발 분야 주간
베스트 1위

권선복 지음 | 20,000원

권선복

도서출판 행복에너지 대표
영상고등학교 운영위원장
대통령직속 지역발전위원회
문화복지 전문위원
새마을문고 서울시 강서구 회장
전) 팔팔컴퓨터 전산학원장
전) 강서구의회(도시건설위원장)
아주대학교 공공정책대학원 졸업
충남 논산 출생

책 『하루 5분, 나를 바꾸는 긍정훈련 - 행복에너지』는 '긍정훈련' 과정을 통해 삶을 업 그레이드하고 행복을 찾아 나설 것을 독자에게 독려한다.

긍정훈련 과정은 [예행연습] [워밍업] [실전] [강화] [숨고르기] [마무리] 등 총 6단계로 나뉘어 각 단계별 사례를 바탕으로 독자 스스로가 느끼고 배운 것을 직접 실천할 수 있게 하는 데 그 목적을 두고 있다.

그동안 우리가 숱하게 '긍정하는 방법'에 대해 배워왔으면서도 정작 삶에 적용시키 지 못했던 것은, 머리로만 이해하고 실천으로는 옮기지 않았기 때문이다. 이제 삶을 행복하고 아름답게 가꿀 긍정과의 여정, 그 시작을 책과 함께해 보자.

『하루 5분, 나를 바꾸는 긍정훈련 - 행복에너지』